百年豪门
LIVERPOOL
利物浦

直笔体育百科系列

SINCE 1892

念洲　流年 ■ 著

北京时代华文书局

图书在版编目（CIP）数据

百年豪门．利物浦/念洲，流年著．-- 北京：北京时代华文书局，2025.4. -- ISBN 978-7-5699-5994-9

Ⅰ．G843.61

中国国家版本馆CIP数据核字第2025HU4763号

BAINIAN HAOMEN：LIWUPU

出 版 人：陈　涛
选题策划：董振伟　直笔体育
责任编辑：马彰羚
执行编辑：孙沛源
责任校对：李一之
装帧设计：严　一　赵芝英
责任印制：刘　银

出版发行：北京时代华文书局 http://www.bjsdsj.com.cn
　　　　　北京市东城区安定门外大街138号皇城国际大厦A座8层
　　　　　邮编：100011　电话：010-64263661　64261528

印　　刷：北京盛通印刷股份有限公司
开　　本：710 mm×1000 mm　1/16　　成品尺寸：170 mm×240 mm
印　　张：15　　　　　　　　　　　　字　　数：218千字
版　　次：2025年4月第1版　　　　　　印　　次：2025年4月第1次印刷
定　　价：68.00元

本书图片由视觉中国提供。
版权所有，侵权必究
本书如有印刷、装订等质量问题，本社负责调换，电话：010-64267955。

卷首语

2024年1月26日，利物浦队官方宣布，主帅尤尔根·克洛普确认在2023—2024赛季结束之后卸任，结束长达八年半的执教生涯！

这一消息，震惊了整个利物浦队，几乎所有当代的利物浦队球迷都无法想象没有"渣叔"（克洛普的绰号）的日子。这是因为他为"红军"（利物浦队的绰号）带来了球队历史上第一座英格兰足球超级联赛（简称"英超"）冠军奖杯，带领球队完成了从零到一的历史性突破。

在英超创立之前，利物浦队已经18次获得英格兰顶级足球联赛的冠军，是英格兰足球历史上夺冠次数最多的球队。但是随着曼彻斯特联队（简称"曼联队"）的崛起，利物浦队的18冠纪录已经被对手追平乃至反超。所幸，利物浦队还有克洛普，他不仅率领"红军"拿到队史英超首冠，还让荣誉陈列室里增添了一座欧洲冠军联赛（简称"欧冠"）的冠军奖杯。

在"KOP"（利物浦队球迷的绰号）心中，克洛普已经是利物浦队历史上顶尖的主教练之一，甚至可以比肩比尔·香克利和鲍勃·佩斯利。后面这两位，曾经缔造了伟大的"红军"王朝，几十年后，"渣叔"成功接过了他们的衣钵，如今却也转身离去了。

那么从比尔·香克利到尤尔根·克洛普，利物浦队的传奇历史究竟是如何书写的呢？不妨听笔者慢慢道来。

目录 CONTENTS

第一章 利物浦队的诞生

01 分道扬镳……2
02 "麦克之队"……7
03 称霸英格兰……10
04 "KOP"看台……15

第二章 "香帅"传奇

01 跌宕起伏四十年……22
02 香克利驾到……26
03 全面改造……29
04 成就伟业……32
05 称霸欧洲……37
06 香克利告别……44

第三章

从佩斯利到费根：称霸欧冠

01 佩斯利：从队医到主帅……50
02 接班香克利，超越香克利……54
03 首夺欧冠冠军……58
04 欧冠两连冠……62
05 用第三座欧冠奖杯告别……66
06 费根：延续辉煌……71

第四章

惨案，不能承受之痛

01 海瑟尔惨案……78
02 "国王"临危受命……84
03 希尔斯堡惨案……88
04 沉冤得雪……92
05 18冠，王朝谢幕……96

第五章

十年，从晦暗到曙光

01 英超变局……102

02 "辣哥"亮相……107

03 "靴室"传奇终结……112

04 杯赛三冠，史无前例……117

05 史无前例"五冠王"……124

第六章

伊斯坦布尔奇迹

01 "上帝"离开安菲尔德……130

02 心力交瘁，霍利尔卸任……134

03 贝尼特斯到来……138

04 伟大的逆转……143

第七章

英超冠军？没那种命

- 01 奇迹未能重演……150
- 02 只差一步就夺冠……154
- 03 "霍太公"钓鱼,"国王"回归……158
- 04 这一滑,滑走了英超冠军……162

第八章

克洛普:比伟大更伟大

- 01 杰拉德告别,罗杰斯下课……168
- 02 "普通的一个"……171
- 03 "红箭三侠"与范戴克……174
- 04 从"超级巨大失误",到"安菲尔德奇迹"……178
- 05 英超冠军,终于来了!……184
- 06 "渣叔"谢幕……188

荣耀殿堂

50大球星……198

队史最佳阵容……210

历届英超积分排名……211

冠军荣誉……212

纪录盘点……213

历史出场榜……214

历史进球榜……214

历任主帅及荣誉……215

历任队长……216

历任主席……216

队歌……217

主场故事……218

联赛十大战役……220

欧洲赛事十大战役……225

中国情缘……230

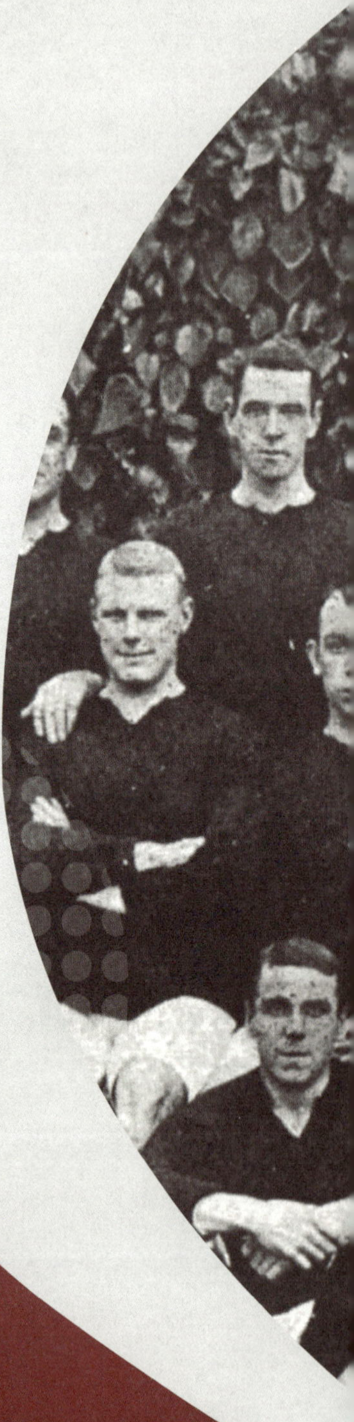

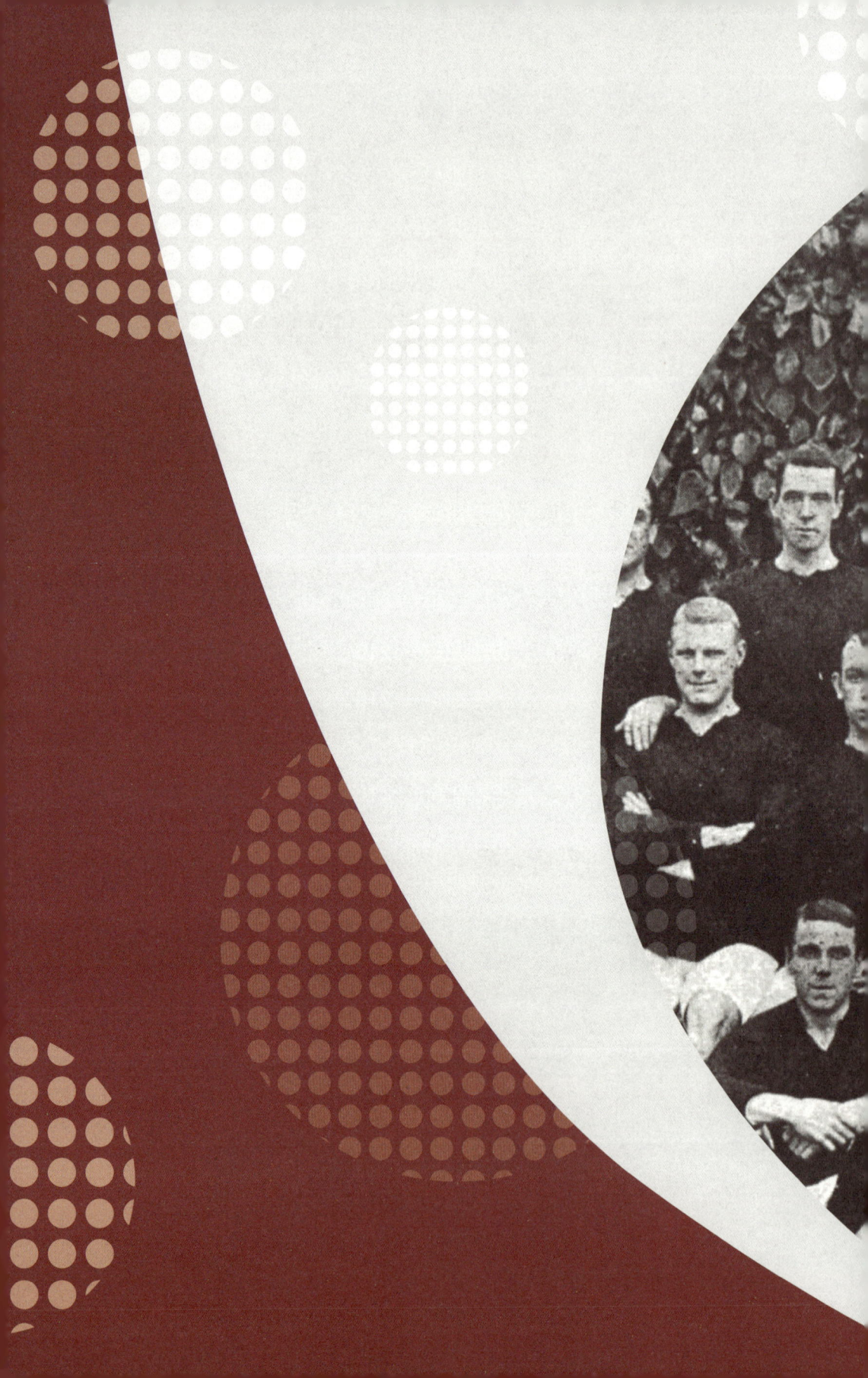

第一章
利物浦队的诞生

提到利物浦这座城市,你会想到什么?它有两个世界闻名的"特产",一个是披头士乐队,另一个就是利物浦队。

01

分道扬镳

熟悉英超的球迷朋友应该都知道,利物浦队有一个同城死敌——埃弗顿队,两队之间的比赛被称为"默西塞德郡德比"。但可能很多人不知道,其实利物浦队和埃弗顿队原本是一家人,只是后来发生分裂,才变成两支球队。

01 分道扬镳

提到利物浦这座城市，你会想到什么？它有两个世界闻名的"特产"，一个是披头士乐队，另一个就是利物浦队。

熟悉英超的球迷朋友应该都知道，利物浦队有一个同城死敌——埃弗顿队，两队之间的比赛被称为"默西塞德郡德比"。但可能很多人不知道，其实利物浦队和埃弗顿队原本是一家人，只是后来发生分裂，才变成两支球队。而两队之所以会分裂，主要是因为约翰·霍尔丁。

埃弗顿队早年在修道院路球场进行比赛，后来因为一些问题，可能是噪声扰民，也可能是没有获得修建许可证，埃弗顿队必须搬离这座球场，于是球队高层找到了利物浦市市长约翰·霍尔丁，希望他出面买下一块土地，然后将其转租给球队。

约翰·霍尔丁因开酿酒厂发家，最不缺的就是钱。他在1884年从酿酒商何塞普·奥雷尔手中买下安菲尔德路的一块地皮，并在这块土地上建起了安菲尔德球场。

霍尔丁希望埃弗顿队每年支付100英镑的租金，不过他也没有作强制要求："即使无法支付任何费用，你们也不需要担心会被赶出去。"从1886年到1890年，霍尔丁借给埃弗顿队2330英镑，但收到的一共只有740英镑。就连他自己拥有的桑顿酒店，也成了埃弗顿队董事会开会的地方。

由于这家酒店靠近安菲尔德球场，埃弗顿队的球员还可以在比赛结束后直接过去洗澡，霍尔丁特意为他们支付了煤气费用，以便他们能用上热水。在当时那

第一章 利物浦队的诞生

个年代，这已经是非常奢侈的享受了。

然而，霍尔丁逐渐地与以乔治·马洪为首的部分埃弗顿队董事会成员在经营模式、政治倾向等问题上发生冲突。后来在讨论安菲尔德球场的租金问题时，双方关系正式破裂，乔治·马洪决定将埃弗顿队迁离安菲尔德球场，霍尔丁也与球队脱离了关系。

霍尔丁本想将安菲尔德球场用作英式橄榄球的场地，但最终还是无法割舍对足球的热爱，于是决定自己建立一家俱乐部！最开始，霍尔丁为新俱乐部起的名字是"埃弗顿竞技俱乐部"，但英格兰足球总会（简称"英足总"）不允许有两家名字相同的俱乐部，所以他只能将名字改为"利物浦足球俱乐部"。

对于霍尔丁来说，新诞生的利物浦队的目标就是超越埃弗顿队，成为默西塞德郡乃至全英格兰的顶级球队！但是路还得一步一步走，球队成立后的第一个

01 分道扬镳

任务就是寻找球员、组建阵容，霍尔丁将这一重任交给了自己最信任的好朋友约翰·麦肯纳。

麦肯纳与霍尔丁相识已久，他是爱尔兰农场主的儿子，最开始喜欢英式橄榄球，在军队服役期间还组建了一支橄榄球队。1885年前后，麦肯纳开始对足球产生兴趣，他在霍尔丁的邀请下前往安菲尔德球场观战，并成为埃弗顿队的一员。后来，两人在利物浦队开始了伟大的合作。

麦肯纳与威廉·巴克莱被视为利物浦队历史上的前两任主帅。巴克莱被霍尔丁任命为球队的秘书，但实际上只是麦肯纳的助手，麦肯纳才是总管球队事务的当权者。

麦肯纳和巴克莱将吃苦耐劳的苏格兰球员作为球员招募的主要对象，还专

第一章 利物浦队的诞生

门在苏格兰雇了一个经纪人搜罗人才。就这样，门将西德尼·罗斯、后防核心兼队长安德鲁·汉纳、前锋约翰·米勒、多面手马特·麦克奎恩等人先后从苏格兰来投。

这里需要特别说一下马特·麦克奎恩，他在利物浦队踢过场上所有的位置，甚至分别以门将和外场球员两种身份，帮助球队赢得英格兰第二级别足球联赛的冠军！退役之后，马特·麦克奎恩当过裁判，后来进入利物浦队当总监，从1923年开始又当了五年的主教练。从1890年到去世时的1944年，他从未离开过利物浦队，堪称"忠诚"的代名词。

由于球队之中有多位名字中带有"麦克"（Mc）的球员，当然也包括麦肯纳本人，这支利物浦队也被称为"麦克之队"。

02

"麦克之队"

麦肯纳可以说是利物浦队历史上伟大的人物之一,他将毕生精力都奉献给了这支球队。

第一章 利物浦队的诞生

1892年9月1日，利物浦队历史上的第一场比赛在安菲尔德球场举行，对手是米德兰足球联赛冠军罗瑟汉姆队。虽然只有1000名球迷到场观战，但利物浦队还是为他们奉献了一场精彩的比赛，7比1横扫对手，打入球队历史第一球的是马尔科姆·麦克维恩。

两天后，利物浦队正式开始参加英格兰兰开夏郡的联赛，第一个对手是海尔沃顿队。有意思的是，这场比赛被迫推迟了45分钟才开球，因为对方球员竟然被带到了埃弗顿队的主场！

最终，利物浦队以8比0大胜海尔沃顿队，约翰·史密斯打入了球队历史上正式比赛的首球。从那时开始，利物浦队在麦肯纳的带领下所向披靡，1893年4月15日最后一轮比赛到来前，冠军之争已成为利物浦队和布莱克本流浪者队的竞争。

末轮较量，两支球队都与各自的对手握手言和，最终积分相同。按照当时的规则，同分情况下既不比较净胜球的多少，也不比较双方之间的胜负场数，而是比较进球数和失球数之比，利物浦队因此夺得了兰开夏郡联赛的冠军！

球队创立第一年就夺得冠军，董事会中的很多人心满意足，同时也失去了更上一层楼的动力。他们更希望下赛季能蝉联兰开夏郡联赛冠军，并不愿意让球队加入英格兰第二级别足球联赛。

还是麦肯纳站了出来，他高瞻远瞩，力排众议，使球队成功加入英格兰第二级别足球联赛，正式进入"系统"之内。值得一提的是，当时联赛名额只剩下最

02 "麦克之队"

后两个,却有五支球队在竞争,包括阿森纳队。麦肯纳以安菲尔德球场日益增长的门票收入为理由,成功击败了其他对手。

麦肯纳可以说是利物浦队历史上伟大的人物之一,他将毕生精力都奉献给了这支球队。1896年,他钦定汤姆·沃森作为自己的接班人。此后,麦肯纳还曾两次担任利物浦队主席,并在1917年被选为足球联赛主席,任职至1936年去世。

在麦肯纳的葬礼上,抬棺的是三名利物浦队球员和三名埃弗顿队球员,可见他在两支球队内都有着崇高的地位。《翡翠安菲尔德》一书的作者福基纳认为,麦肯纳是利物浦队百余年来第三重要的人,仅次于约翰·霍尔丁和后来的一代名帅比尔·香克利。

03

称霸英格兰

1900—1901赛季,利物浦队的目标只有一个:冠军!

03 称霸英格兰

加入英格兰第二级别足球联赛之后，利物浦队在第一个赛季就以22胜6平的不败战绩成功夺冠，历史上第一次杀入英格兰足球甲级联赛（简称"英甲"）。但在英甲征战的第一个赛季，麦肯纳的球队表现不佳，直到第10场才取得首胜，又用了18场才收获第二胜，最终30战仅仅取得7胜8平15负，惨遭降级。

尽管一年之后，麦肯纳就率队重返英甲，但他还是决定让出帅位，选择汤姆·沃森作为自己的接班人。

第一章 利物浦队的诞生

沃森是一位天才型教练，他从未踢过正式的足球比赛，却对足球有着深刻的理解，29岁时便成为桑德兰队的主帅，而且率领球队在1891年到1895年间三夺英甲冠军！

1896年，年仅37岁的沃森已经功成名就，甚至打算退休了！但是在麦肯纳的盛情邀请之下，他最终还是决定执掌利物浦队的教鞭，而在这个岗位上，他一待就是19年，成为球队历史上任职时间最长的主教练。

此外，麦肯纳还给自己的继任者留下了宝贵财富。1895年，他先后引进三名后防球员，阿奇·高尔迪、汤姆·威尔基以及比尔·邓洛普，尤其是后防中坚比尔·邓洛普，此后他将为利物浦队效力达13年之久。

在沃森的悉心打造下，利物浦队的防守能力突飞猛进。1896—1897赛季，重回英甲的"红军"竟然在三个月的时间里只在主场丢了1球！不过对于这种保守的战术，利物浦队球迷不买账，有人在一场0比0的比赛过后打出"球迷想要什么"的标语来抗议。

最终，利物浦队排名联赛第五，但比埃弗顿队高两位，足以令球迷喜上眉梢。而接下来的1897—1898赛季，利物浦队的排名下滑至第九，但球迷依然感到满意，因为球队赢得了对阵埃弗顿队的首场默西塞德郡德比的胜利！

到了1898年夏天，沃森继续从苏格兰足坛挖人，签下了攻守兼备的中前卫亚历山大·莱斯贝克，极大提升了球队的中场实力，攻守两端也变得更加平衡。

1898—1899赛季，利物浦队以4比0取得开门红，9月24日又在客场以2比1击败埃弗顿队。虽然一度经历三连败，但从12月开始，利物浦队高歌猛进，9场比赛取得6胜2平1负！

然而客场对阵阿斯顿维拉队的"天王山之战"，沃森的球队全面崩溃，半场就输了一个0比5！输掉这场比赛，就意味着输掉冠军，但利物浦队毕竟获得了亚

03 称霸英格兰

军,还是为下赛季继续争冠增添了信心。

1899年,一件更具有历史意义的事发生了。另起炉灶之后,利物浦队球员一直身穿蓝白球衣,但在这一年,球队的主色调变为红色,上衣也变成红色,而埃弗顿队的上衣则由粉红色变为蓝色。

1899—1900赛季,利物浦队一度惨遭八连败,最终仅名列联赛第十。沃森不得不再次引援,左边锋查理·萨特斯威特、边前卫查理·威尔逊相继加盟。但最重要的引援当数萨姆·雷柏尔德,这位超级射手是利物浦队的"大杀器",在利物浦队226场比赛中一共打入惊人的130球!

第一章 利物浦队的诞生

1900—1901赛季，利物浦队的目标只有一个：冠军！11月10日与阿斯顿维拉队的"复仇之战"，沃森的球队回敬了一个5比1，让人真正意识到这支球队确实是冠军的有力争夺者。

不过在1901年1月19日输给埃弗顿队之后，利物浦队的争冠前景变得扑朔迷离。三天之后，英国女王维多利亚去世，所有比赛被推迟到2月2日女王葬礼之后进行，这意味着球队将一个月的时间没有比赛可踢。

2月16日与博尔顿队一战，久疏战阵的利物浦队输了，但那也是球队这个赛季输掉的最后一场比赛。自那之后，沃森的球队重整旗鼓，12场不败，直接从联赛第八名攀升至榜首！最后一轮，利物浦队客场击败西布罗姆维奇队，历史上第一次夺得顶级联赛冠军！

04

"KOP" 看台

重新获得成功之后,利物浦队决定乘胜追击,于1906年扩大球场容量,以满足球迷日益增长的现场看球需求。

第一章 利物浦队的诞生

然而夺冠的喜悦还没有持续一年，利物浦队就迎来了噩耗。1902年3月17日，约翰·霍尔丁由于身体健康状况不断恶化，在法国尼斯不幸去世。和麦肯纳一样，霍尔丁的棺椁也由利物浦队和埃弗顿队的球员一起护卫，这是霍尔丁最后一次享受两支球队的尊敬。

随之而来的，是"限薪令"的执行。以前，麦肯纳可以靠着更高的薪水（比如10英镑的周薪）从苏格兰甚至英格兰同行那里挖墙脚，但是"限薪令"规定球员的周薪不能超过4英镑，利物浦队失去了自己的一大优势，于是球队在1901—1902赛季不仅无缘卫冕，而且只排在联赛第11位。

1902—1903赛季，利物浦队排名回升至第五，但是谁也没有想到，更大的灾难突如其来。阿奇·高尔迪、萨姆·雷柏尔德和约翰·格洛夫三名利物浦队球员与朴次茅斯队私下接触，想要转会，被发现之后遭到7个月的禁赛处罚，而实力受损的利物浦队最终遗憾降级。

这一次，汤姆·沃森用了两个赛季将球队重新带回英甲，而在升级之后的第一个赛季，也就是1905—1906赛季，利物浦队以升班马的身份再创奇迹：在与普雷斯顿队的激烈竞争中，"红军"笑到了最后，38轮比赛拿下23场胜利，最终以4分优势击败对手，夺得球队历史上的第二个顶级联赛冠军！

值得一提的是，埃弗顿队在这个赛季问鼎英格兰足总杯（简称"足总杯"），来自同一座城市的两支球队包揽了英格兰足坛最重要的两座冠军奖杯。

重新获得成功之后，利物浦队决定乘胜追击，于1906年扩大球场容量，以

04 "KOP"看台

满足球迷日益增长的现场看球需求。这样一来,"死忠球迷"所在的南看台就产生了,它的名字叫做"Spion Kop",也就是人们常说的"KOP"看台!

"KOP"一词源于南非的斯皮恩山(Spion Kop),"布尔战争"就是在那里爆发的,当时参加这场战役的英国士兵大多数是默西塞德郡人。其实,利物浦队不是第一支用"KOP"这个词的球队,就像 *You'll Never Walk Alone*(你永远不会独行)这首歌也并非"红军"的专属歌曲,但正是因为利物浦队,"KOP"看台才举世闻名,其拥趸的绰号也变成"KOP"。

然而在夺得第二冠之后,利物浦队就陷入低谷,连续几个赛季都徘徊在积分榜中下游,1909—1910赛季的英甲亚军更像是回光返照。直到1914—1915赛季,利物浦队的目标一直是保级。后来,第一次世界大战爆发了。

一战期间,利物浦队再遭打击。杰奇·舍尔顿、汤姆·米勒、汤姆·费尔福尔、鲍勃·普尔塞尔四名球员因为涉嫌操纵比赛而遭到处罚。更令人伤心的是,

第一章 利物浦队的诞生

1915年5月6日,沃森突患肺炎和胸膜炎,不幸去世,享年56岁。《利物浦回声报》称赞他是"职业足球历史上最受欢迎的人",因为"他赢得了所有人的尊重,没有敌人"。

04 "KOP" 看台

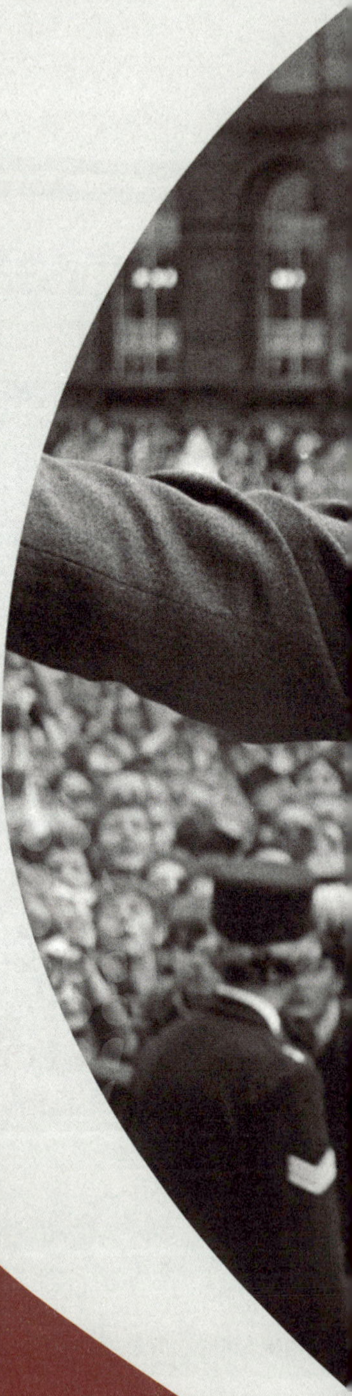

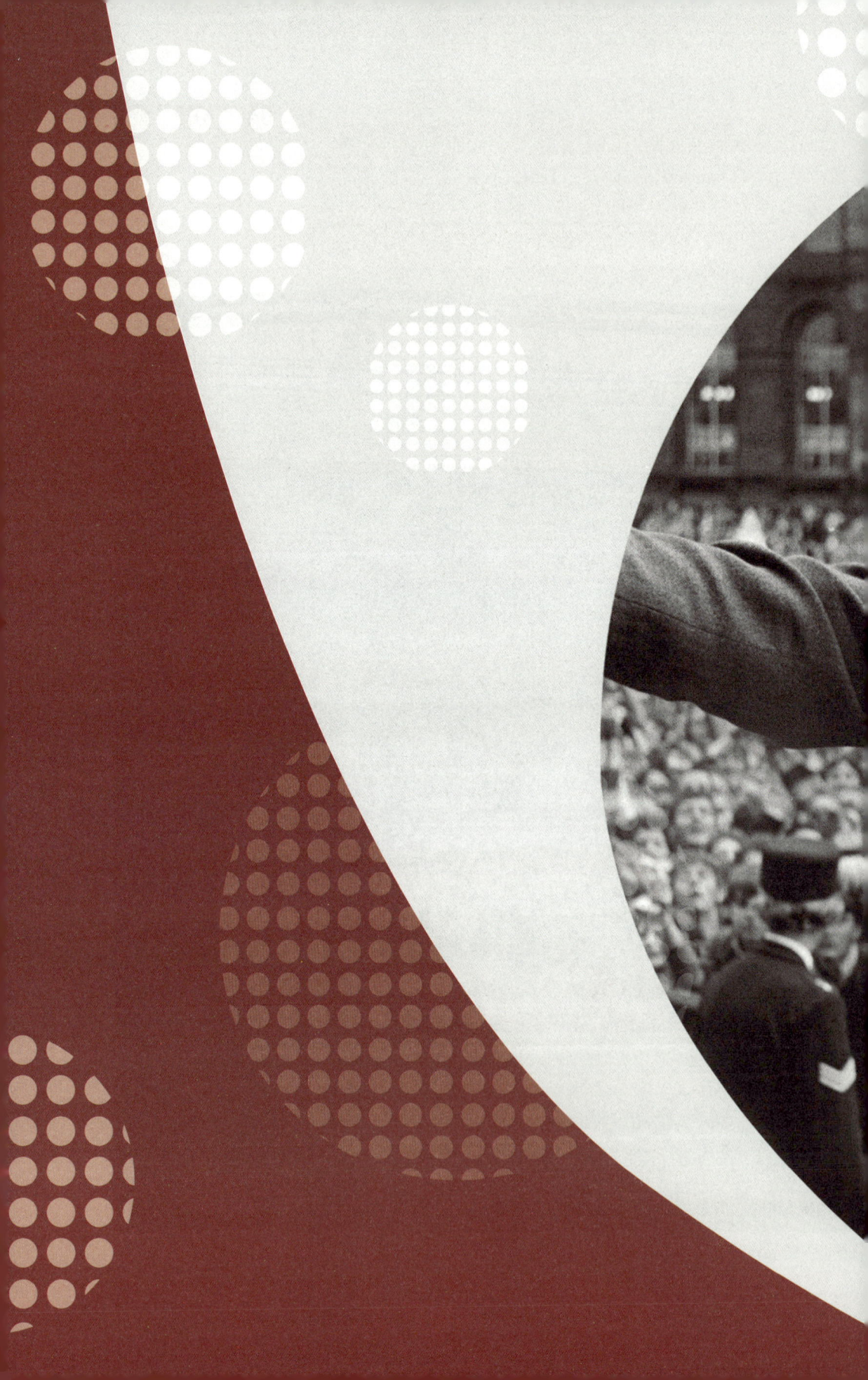

第二章
"香帅"传奇

无论退休之后与利物浦队的关系如何,香克利依然是"红军"历史上顶尖的主教练之一。

01

跌宕起伏四十年

总体来说，进入1930年之后，利物浦队一直在为保级而战，1933—1934赛季更是差点儿再次降级。

01 跌宕起伏四十年

1918年，第一次世界大战终于结束了，球迷看球的热情被重新点燃，安菲尔德球场恢复了往日的火爆，利物浦队也在逐渐走向复苏。

当时担任利物浦队主帅的是大卫·阿什沃斯，他曾经当过裁判，拿过教鞭后大力提拔不少利物浦当地的年轻小将进入球队，结果第一个赛季就率队取得第四名。沃森签下的最后一名球员、绰号"微笑者"的哈里·钱伯斯大放异彩，并且由此开始连续四个赛季成为队内的最佳射手。

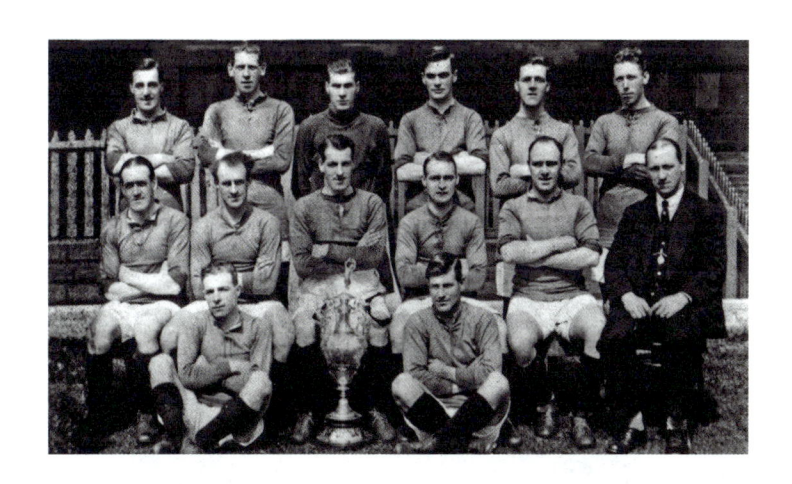

1921—1922赛季，凭借哈里·钱伯斯打入的21球，利物浦队时隔16年再次获得英甲冠军！这也是球队历史上的第三个顶级联赛冠军。不仅如此，1922—1923赛季，利物浦队历史上第一次实现卫冕。

不过就在1923年1月，大卫·阿什沃斯突然宣布辞职，重返老东家奥德汉姆

第二章 "香帅"传奇

队执教,成为继1896年的约翰·麦肯纳之后,利物浦队又一位主动辞职的主教练。不过,"麦克之队"的功勋球员马特·麦克奎恩担任临时主帅,依然为安菲尔德球场带回了奖杯,而这必须归功于门将埃利萨·斯科特,这个赛季他在联赛中一共只丢了31个球,这是所有参赛球队中最少的。

1923—1924赛季,利物浦队旨在实现三连冠,但最终只获得了第12名。接下来的一个赛季成绩回暖,获得第4名,但是谁也没有想到,这竟然是球队在二战爆发之前的最高排名了!

1928年,马特·麦克奎恩在车祸中丧失一条腿,只能退休,乔治·帕特森接任。乔治·帕特森是利物浦队的秘书,也是沃森的助理教练,他上任的时候,正好赶上越位规则发生改变,新规则鼓励进攻,所以英格兰赛场上经常出现大比分的赛果。

比如1930年9月,利物浦队0比7惨败给西汉姆联队,但仅仅9天之后,"红军"就在安菲尔德球场7比2大胜博尔顿队。

总体来说,1930年之后,利物浦队一直在为保级而战,1933—1934赛季更是差点儿再次降级。"门神"斯科特也在为球队效力22年之后离开,他至今依然是利物浦队历史上效力时间最长的球员。

01 跌宕起伏四十年

1936年，乔治·帕特森生病卸任，乔治·凯成为利物浦队的新任主帅，而他上任之后的首次签约，就是以8000英镑从曼彻斯特城队（简称"曼城队"）签下了马特·巴斯比这位后来的曼联队功勋主帅。

1939年，第二次世界大战全面爆发，利物浦队中的许多球员只能参军服役，比如伯里·纽文海斯获得了捷克功绩勋章，比尔·琼斯因为营救受伤的战友而获得了军事勋章，但残酷的战争让更多的球员付出了一生中最好的年华。

1945年，二战结束之后，利物浦队开始走上正轨，不过马特·巴斯比拒绝了董事会让他加入教练团队的邀请，转投曼联队执教。而球队主席威廉·麦康奈尔为了赚钱，破天荒地率领球队前往美国和加拿大踢了8个星期的巡回赛，利物浦队在10场比赛中一共打入70球！这次巡回赛对于球员来说就是吃喝玩乐之旅，一趟下来，每个人平均增重超过3千克！

不过回到英格兰之后，球员们火速减肥成功，而且球队还引进了射手艾伯特·斯塔宾斯，他与另一名前锋杰克·巴尔默在1946—1947赛季双双打入24球，巴尔默甚至连续三场比赛上演帽子戏法，最终帮助球队时隔24年再次在英甲称雄！利物浦队的第五座顶级联赛冠军奖杯，姗姗来迟。唯一的遗憾，就是球队主席威廉·麦康奈尔在1947年8月去世。

然而接下来的两个赛季，利物浦队战绩出现大滑坡，分别排在第11位和第12位。1949—1950赛季，乔治·凯的球队一度在前19场英甲比赛中保持不败，新年到来时排名榜首，可惜后继乏力，连战连输，最后竟然跌至第8名！

由于患病，乔治·凯也离开了，而他的继任者唐·威尔什并非利物浦队的"救世主"，球队的成绩连年下滑，颓势已经不可阻挡，最终球队在1953—1954赛季的42场联赛比赛里只获得9胜，以"副班长"的身份降级！要知道，这可是利物浦队50年来首次降入英格兰足球乙级联赛（简称"英乙"）！

02

香克利驾到

1959年12月14日,香克利正式接过利物浦队的教鞭,从这一刻开始,一个伟大的时代拉开了序幕!

02 香克利驾到

跌入英乙之后，利物浦队并没能如愿地迅速重返英甲，唐·威尔什在1956年黯然下课。曾经担任过球队队长的菲尔·泰勒临危受命，成为新任主帅。同时球队引进了左后卫罗尼·莫兰、边锋阿兰·阿考特、中场吉米·梅利亚等新援，但他们依然无法把队伍带回最高的舞台。

1959年11月17日，在利物浦队输给林肯城队之后，菲尔·泰勒被解雇了，不过他并非没有为球队做出贡献，因为在他的教练团队里，有乔·费根和鲍勃·佩斯利，这两人即将进入新的教练组，并在未来大放光芒！

顶替菲尔·泰勒的是比尔·香克利，当时他正在执教哈德斯菲尔德队，突然接到利物浦队主席托马斯·瓦伦丁·威廉姆斯的电话："你想执教这个国家最好的球队吗？"比尔·香克利开玩笑道："怎么？马特·巴斯比下课了吗？"

第二章 "香帅"传奇

1959年12月14日,香克利正式接过利物浦队的教鞭,从这一刻开始,一个伟大的时代拉开了序幕!

现在的球迷对于香克利的了解,主要来自那句名言:"足球无关生死,足球高于生死。"但这远不是香克利的一切。

1913年,比尔·香克利出生于苏格兰艾尔郡的矿工家庭,是五个兄弟里年龄最小的那个。由于家里太穷,香克利小时候甚至不得不通过盗窃来维持生活,同时他也发誓要通过自己的努力来摆脱困境。

香克利的方式,就是踢球——他们兄弟五人后来都成了职业球员。从卡莱尔联队到普雷斯顿队,他展现出了不俗的足球天赋,最终帮助普雷斯顿队夺得1937—1938赛季的足总杯冠军,并入选苏格兰队。

二战全面爆发之后,香克利加入了英国皇家空军,战争结束后,他又踢了几年球,直至1949年正式退役。刚挂靴不久,他就收到了老东家卡莱尔联队的执教邀请,从此踏上了职业教练之路。结果首个赛季,卡莱尔联队就从联赛第15名上升至第9名,第二个赛季更是勇夺季军!

1951年,香克利来到格里姆斯比镇队担任主教练,并率队成功升级,后来又转投卡莱尔联队的德比死敌沃金顿队。1955年11月,香克利来到哈德斯菲尔德队当起助理教练,后来又成为主教练,并在那里培养了不少年轻球员,比如未来的曼联队"三圣"之一丹尼斯·劳,以及为英格兰队夺得1966年世界杯冠军的主力雷·威尔逊。

如今入主利物浦队,香克利面临的难题很多,除了成绩不佳,球队在财务方面也陷入赤字的泥淖,就连安菲尔德球场都年久失修。后来香克利回忆道:"我不知道你有没有见过当时的安菲尔德球场,在我看来,那简直就是利物浦整个城市里最大的茅房!"

03

全面改造

经过香克利的全面改造，利物浦队焕然一新，接下来，就是出成绩的时候了。

第二章 "香帅"传奇

从上任的第一天起,香克利就开始从里到外地改造利物浦队。修葺安菲尔德球场,只是其中微不足道的任务,在他的要求下,球队引进了当时最先进的训练设备,建立了全新的梅尔伍德训练基地。

此外,香克利还改变了球队的训练方法,合理安排日常训练与体能训练,要求球员多进行有球训练,注重小范围逼抢,将周期化的技术训练和分阶段的专项训练有机结合。

其中的两种训练手段很有意思:

一种是五人制的队内训练赛。对阵双方一边是一线队球员,一边是教练团队或者预备队球员,而教练团队在训练赛中保持10年不败,因为他们可以随意更改规则,可以随意吹犯规、吹停比赛!当然,他们这么做只是为了磨砺球员。

另一种是"汗箱"。竖起四块有编号的木板,组成正方形场地,两名球员参与,一名球员需要把球踢到香克利指定的其中一块木板上,等球击中木板反弹回来,另一名球员必须马上接球,继续把球踢到那一块木板上。

更重要的是,香克利对球队所有事情的要求都非常严格,力求做到完美,尤其是对球员。他说过:"当年我在军队里,每个人都有很多任务要做,有一些是让人极其不愉快的,比如让你去厨房洗6000个盘子,或者让你一个人去扫厕所。当时我被派去擦地板,我觉得既然我要做这件事,就要比任何人擦得都干净。如果所有人都能有这种想法,在每一件小事上都能做到精益求精,那么这个世界将会多么美好,足球领域也是如此。"

03 全面改造

香克利还非常重视团结和集体主义，要求球员每天一起吃饭，一起参加各种活动，队内形成了良好的团队氛围。当然，香克利也是懂得宽严相济的。他极具个人魅力，非常友善和幽默，训练之外不仅和球员打成一片、情同父子，还很接地气，与球迷之间的互动非常频繁，关系非常融洽，于是赢得了"KOP"的一致喜爱与推崇。

香克利引援也独具慧眼，伊恩·圣约翰、罗恩·耶茨分别成为利物浦队的锋线核心和后防核心。同时，香克利还大力提拔和重用年轻球员，汤米·劳伦斯、罗杰·亨特、伊恩·卡拉汉等人脱颖而出。

经过香克利的全面改造，利物浦队焕然一新，接下来，就是出成绩的时候了。

04

成就伟业

一场5比0的大胜,令香克利的球队得以提前3轮锁定冠军,时隔17年再次称雄英甲!

04 成就伟业

1961—1962赛季，也就是香克利上任后的第二个完整赛季，利物浦队夺得英乙冠军，终于重返英甲！罗杰·亨特一个人就在40场比赛中打入41球，令人叹为观止，而这也是他连续八个赛季成为队内最佳射手的第一个赛季。

1962—1963赛季，利物浦队获得英甲第八名，算是彻底站稳了脚跟。但香克利的目标显然不止于此，他要的是顶级联赛冠军！

于是在1963年夏天，利物浦队以创纪录的4万英镑签下了普雷斯顿队的左边锋彼得·汤普森，他和罗恩·耶茨、罗尼·莫兰、伊恩·卡拉汉、戈登·米尔尼、罗杰·亨特、伊恩·圣约翰等人，组成了一套强大的阵容。

1963—1964赛季，英甲冠军的争夺战是"双红会"，利物浦队的对手是慕尼黑空难后重新崛起的曼联队，香克利的对手是他的苏格兰老乡马特·巴斯比。

1964年4月4日的"双红会"，凭借伊恩·卡拉汉的进球和阿尔夫·阿罗史密斯的梅开二度，利物浦队在安菲尔德球场以3比0痛击曼联队，彻底掌握了争冠的主动权。

两周之后，利物浦队又在主场迎战阿森纳队，这一次彼得·汤普森梅开二度，罗杰·亨特、伊恩·圣约翰、阿尔夫·阿罗史密斯各入一球。一场5比0的大胜，令香克利的球队得以提前3轮锁定冠军，时隔17年再次称雄英甲！

执教利物浦队5年，"香帅"终于收获了自己的第一座顶级联赛冠军奖杯，从这一刻开始，他和披头士乐队的约翰·列侬一样，成为利物浦这座城市的偶像和代表。

第二章 "香帅"传奇

征服英格兰之后,香克利的下一个目标是征服欧洲。

1964—1965赛季,利物浦队历史上第一次参加欧洲冠军俱乐部杯(欧洲冠军联赛的前身,统一简称"欧冠"),结果第一轮就在主客场以两回合11比1的总比分淘汰了来自冰岛的雷克雅未克队。

1964年11月1日,当得知利物浦队的下一个对手是比利时的安德莱赫特队时,香克利灵机一动,让球队放弃了传统的白色短裤,改穿红色短裤!他认为,

04 成就伟业

红色是能给球队带来胜利的颜色。至此,名副其实的"红军"诞生了。

一身红衣的利物浦队,轻松淘汰了安德莱赫特队,下一个对手是德国的科隆队。两队经过两回合的较量战成平局,到第三场重赛依然难分胜负,最终"红军"竟然以抛硬币的方式戏剧性胜出,得以与意大利豪门国际米兰队(简称"国米队")会师欧冠半决赛。

首回合坐镇安菲尔德球场,利物浦队表现非常出色,伊恩·圣约翰、罗杰·亨特和伊恩·卡拉汉各入一球,帮助球队取得3比1的胜利,晋级似乎指日可待。然而次回合做客梅阿查球场,"红军"竟然惨遭0比3的失利,最终以3比4的总比分止步四强,无缘欧冠决赛。

在联赛里,利物浦队也没能成功卫冕,最终只是名列第七。但是在足总杯赛场,"红军"一路高歌猛进,杀入决赛。

面对利兹联队,利物浦队未能在常规时间内结束战斗,只能进入加时赛。这时候,香克利在训练中的严格要求发挥出关键作用,"红军"球员的体能依然充沛,终于在第93分钟,罗杰·亨特用头球打破僵局。虽然对手很快就扳回一球,但在第117分钟,伊恩·圣约翰打入绝杀球,2比1!

利物浦队终于赢得了球队历史上的第一座足总杯冠军奖杯,结束了长达73年的等待。在此之前,利物浦队拥趸一直被埃弗顿队球迷嘲笑足总杯无冠,现在,"KOP"终于可以扬眉吐气了!香克利也如释重负地说道:"这是我生命中最伟大的时刻!"

第二章 "香帅"传奇

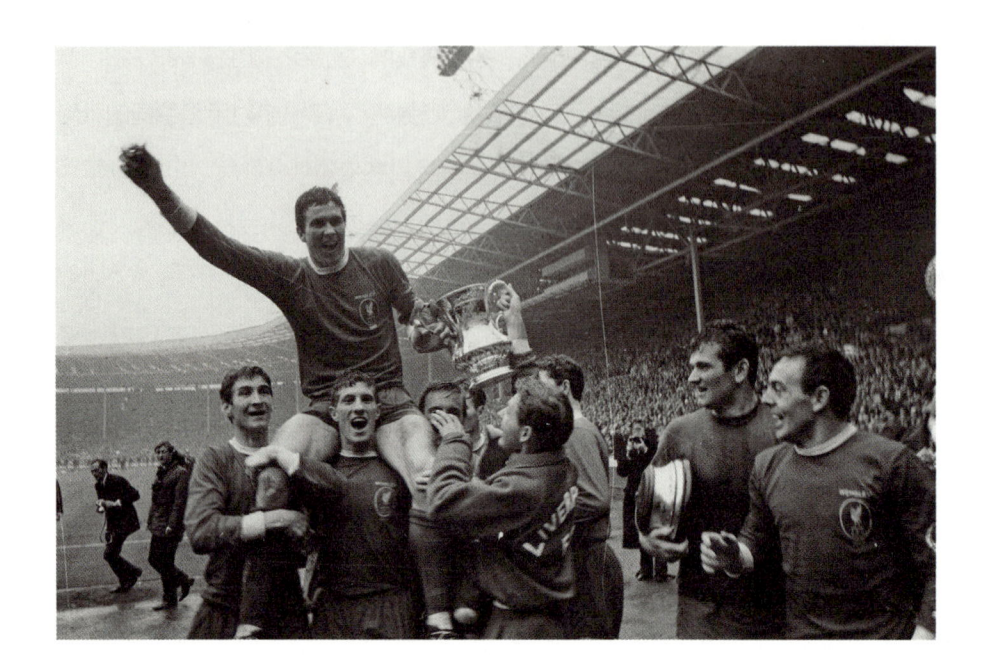

05

称霸欧洲

这是利物浦队历史上的第一座欧洲赛事奖杯,香克利在称霸英格兰之后,终于完成了称霸欧洲的夙愿。

第二章 "香帅"传奇

欧冠半决赛遭到逆转，让香克利非常不甘心，不过由于未能卫冕英甲冠军，利物浦队在1965—1966赛季无缘欧冠，只能参加欧洲优胜者杯。

第一轮，利物浦队就遇到了意大利豪门尤文图斯队（简称"尤文队"），结果首回合客场0比1告负。但是回到安菲尔德球场，"红军"连进两球完成逆转，一雪被国米队逆转的前耻。

第二轮，"红军"又在主客场"双杀"比利时的皇家标准列日队，晋级八强。1/4决赛，面对匈牙利的布达佩斯洪韦德队，香克利的球队依然所向披靡，主场2比0、客场0比0，轻松晋级。

半决赛是英国德比，利物浦队对阵苏格兰的凯尔特人队，逆转好戏再次上演。"红军"在客场以0比1输球，但在主场大显身手，汤米·史密斯任意球破门，杰夫·斯特朗打入绝杀球，总比分2比1，利物浦队历史上第一次晋级欧洲赛事决赛！

这场欧洲优胜者杯的决赛，在苏格兰的汉普顿公园球场举行。利物浦队的对手是多特蒙德队。

虽然此时的"红军"刚刚赢得1965—1966赛季的英甲冠军，实现三年两冠，士气正盛，但是先发制人的却是对手。第61分钟，西格弗里德·黑尔德为多特蒙德队拔得头筹。不过仅仅7分钟之后，罗杰·亨特就接彼得·汤普森的助攻扳平比分。

常规时间两队1比1战平，只得进入加时赛。第109分钟，斯坦·利布达禁区

05 称霸欧洲

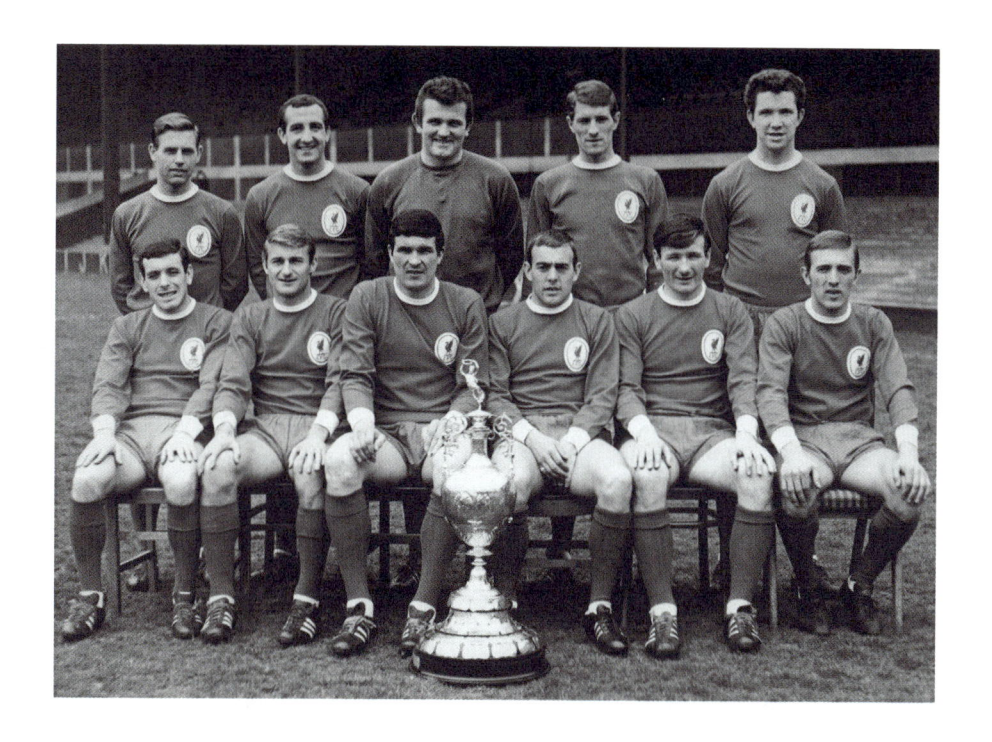

外一脚远射，球击中立柱之后反弹到罗恩·耶茨的身上飞入网窝！这次不走运的失球，让利物浦队最终与冠军奖杯失之交臂，只得屈居亚军。

1966年的夏天，对于香克利和利物浦队来说充满遗憾，但是对于英格兰队来说，却是无比喜悦的，因为在本土举行的世界杯上，"三狮军团"（英格兰队绰号）夺得了球队历史上的第一个世界杯冠军，这也是截至2024年结束英格兰队唯一的大赛（世界杯与欧洲杯）冠军！罗杰·亨特就是这支冠军球队中的一员。

新赛季开始之前，香克利与利物浦队续约五年，年薪涨到了4000英镑。然而遗憾的是，1966—1967赛季，"红军"只拿到一个慈善盾杯冠军，英甲仅仅排名第五，欧冠也止步第二轮。

1967年夏天，在考察了12场比赛之后，香克利签下了名不见经传的18岁门将雷·克莱门斯，又以6.5万英镑的转会费引进了布莱克本流浪者队的中场、绰号

第二章 "香帅"传奇

"疯马"的埃姆林·休斯。

然而这支利物浦队似乎已经度过了巅峰期,在接下来的连续四个赛季,竟然都遭遇"四大皆空"!此时的香克利明白,"红军"真的到了需要推倒重建的时刻了,所以功勋卓著如罗杰·亨特,也不得不在1969年离队,留下492场285球的数据,而他的进球纪录直到23年后才被打破。

1970—1971赛季,香克利斥资11万英镑,从卡迪夫城队签下了威尔士前锋约翰·托沙克。利物浦队成绩略有起色,足总杯闯入决赛,可惜最终输给了阿森纳队;国际城市博览会杯,"红军"淘汰了弗朗茨·贝肯鲍尔领衔的拜仁慕尼黑队(简称"拜仁队"),跻身半决赛,但还是不敌利兹联队,无缘决赛,香克利也只能再次饮恨欧洲。

1971年,香克利做了一个出人意料的决定,从低级别的斯坎索普联队签下了

05 称霸欧洲

20岁的前锋凯文·基冈。基冈是被利物浦队的球探特温特曼发掘的，1967年，香克利邀请特温特曼加入利物浦队，让他专门负责网罗人才，而且对他所推荐的人也非常重视。

在斯坎索普联队，基冈踢的是右中场，但是香克利将他的位置前移，使他和约翰·托沙克组成锋线搭档。效果如何？1971年8月14日，基冈在利物浦队对阵诺丁汉森林队的联赛比赛里迎来首秀，结果用了12分钟就打入首球！

除了基冈，香克利还提拔了年轻的中后卫菲尔·汤普森，未来他将为利物浦队效力13年之久！

1972—1973赛季，在经历了一年的适应之后，基冈彻底爆发了，以22球荣膺队内最佳射手。利物浦队也以不可阻挡之势横扫英甲赛场，在与阿森纳队的争冠过程中笑到最后，以3分优势夺得七年以来的第一个、也是球队历史上的第八个顶级联赛冠军！

第二章 "香帅"传奇

然而更令"KOP"振奋的，是利物浦队在欧洲联盟杯（欧洲足联欧洲联赛的前身，统一简称"欧联"）上的表现。欧联是1971年刚刚创立的新杯赛，在当时的含金量肯定不如欧冠甚至欧洲优胜者杯，但无论如何，这对于香克利来说都是一个称霸欧洲的机会。

第一轮，利物浦队遇到了法兰克福队，结果凭借基冈和埃姆林·休斯的进球，两回合总比分2比0淘汰对手。第二轮面对希腊的雅典AEK队，"红军"又轻松完成主客场"双杀"。

接下来，利物浦队又连续击败了柏林迪纳摩队和德累斯顿迪纳摩队，强势挺进半决赛，对手则是同样来自英格兰的托特纳姆热刺队（简称"热刺队"）。

这场英甲内战也是一场"复仇之战"。就在1972年12月，利物浦队在英格兰足球联赛杯（简称"联赛杯"）决赛中1比3不敌热刺队，无缘冠军。半年之后，"红军"凭借亚历克·林德赛的进球主场1比0先声夺人！利物浦队虽然做客白鹿

05 称霸欧洲

巷球场以1比2告负,但还是凭借客场进球多的优势晋级决赛,对阵门兴格拉德巴赫队。

欧联的决赛,也是主客场双回合制。首回合,利物浦队坐镇安菲尔德球场,凯文·基冈虽然罚丢点球,但依然能够梅开二度,拉里·劳埃德锦上添花,而雷·克莱门斯则扑出对手的点球,确保球队3比0完胜。

次回合做客保卡贝治球场,约瑟夫·海因克斯一度掌控了比赛,这位1972年欧洲杯冠军成员、未来的一代名帅梅开二度,将总比分扳成2比3!但是,门兴格拉德巴赫队的第三球始终没有到来,利物浦队还是坚持到了最后,成功夺得欧联的冠军!

这是利物浦队历史上的第一座欧洲赛事奖杯,香克利在称霸英格兰之后,终于完成了称霸欧洲的夙愿。遗憾的是,他和欧冠冠军奖杯始终缘悭一面。

06

香克利告别

毫无疑问,这是一个令所有人都措手不及的决定,也震惊了整个英格兰乃至欧洲足坛。

06 香克利告别

1973—1974赛季，香克利再次率领利物浦队向欧冠发起冲击，结果第二轮，球队就输给了南斯拉夫的贝尔格莱德红星队，两回合总比分2比4，惨遭"双杀"，成为欧冠冠军的梦想早早破灭。

无奈之下，利物浦队只能专注于国内赛场。这个赛季利兹联队表现非常强势，连续29场不败，联赛42轮只输了4场，最终以62分创造了顶级联赛单赛季最高积分纪录！"红军"则在冲刺阶段连连受阻，最后4轮只取得1场胜利，最终以5分之差获得亚军。

第二章 "香帅"传奇

联赛杯赛场，利物浦队在第五轮就不敌伍尔弗汉普顿流浪者队（简称"狼队"），没有闯入半决赛，所以这个赛季就只剩下足总杯冠军可以争夺了。

足总杯的赛场上，利物浦队先后淘汰了唐卡斯特流浪者队、卡莱尔联队、伊普斯维奇队和布里斯托尔城队，与莱斯特城队相逢于半决赛。半决赛首回合，双方互交白卷，在次回合的比赛中，凯文·基冈一传一射，布莱恩·霍尔和约翰·托沙克各入一球，最终"红军"以3比1淘汰对手！

决赛面对纽卡斯尔联队，基冈继续发威，上演梅开二度的好戏，利物浦队最终捧起了球队历史上的第二座足总杯冠军奖杯！然而当时谁也没有想到，这竟然是香克利为"红军"带来的最后一个冠军！

夺冠之后，回到更衣室的香克利突然感到身心俱疲。他已经60岁了，一年之前，他的妻子就希望他能退休，但他硬是拖了一年，此时对爱妻的亏欠涌上心头，于是他做出了退休的决定。

1974年7月12日，利物浦队召开新闻发布会，主席约翰·史密斯宣布了这个极其突然的消息："非常遗憾，我不得不通知各位，香克利先生已经表示希望退

06 香克利告别

休，董事会极不情愿地接受了他的决定。此时此刻，我想正式表达对香克利先生在执教期间取得的辉煌成绩的高度赞赏。"

毫无疑问，这是一个令所有人都措手不及的决定，也震惊了整个英格兰乃至欧洲足坛。英国各路媒体赶忙撰写稿件，称颂香克利的功绩，表达不舍之情，并猜测他是否后悔退休。

事实上，香克利真的后悔了，并且试图继续留在球队，主要就是去梅尔伍德训练基地参加球队的训练。但是，他很快就不去那里了，毕竟名义上已经退休了，利物浦队已经进入新的时期，一旦他去了，人们总是奇怪地问他在那里做什么。

1976年，香克利随队前往比利时布鲁日参加欧联的客场比赛，结果被单独安排在了一家酒店。他深切感受到球队对自己的排斥，觉得被羞辱了，并且表示自己在曼联队和埃弗顿队主场受到的欢迎都比在利物浦队多！

此时的利物浦队主帅已经是鲍勃·佩斯利，香克利昔日的助教。香克利去梅尔伍德训练基地参与训练，无疑是在动摇佩斯利的地位。有一名利物浦队球员曾向香克利称赞佩斯利的执教方式，没想到香克利回了一句："我本可以让一只猴子执教球队的！"对此，佩斯利非常尴尬，不得不跟香克利挑明："您已经不再在这里工作了，现在这是我的球队，我想和球队一起做一些事情。"

无论退休之后与利物浦队的关系如何，香克利依然是"红军"历史上顶尖的主教练之一。在香克利的要求下，球员通道里贴上了大大的"这里是安菲尔德"的标语，如果没有他，就没有利物浦队和安菲尔德球场的辉煌。

1974年，香克利获得不列颠帝国勋章。1981年9月29日，他因为心脏病与世长辞，享年68岁。香克利为足球奉献的一切，就是他一生的写照——坦诚、勤奋、热情、坚韧不拔，又充满创造力，就像他自己说的那样："每当我回忆往事时，我很高兴自己把一切都奉献给了足球。我从未欺骗他人，幸运的是我这一生也一直和坦诚的人为伴。我很高兴人们来到安菲尔德球场，我会尽我所能让你们的这次行程充满快乐。"

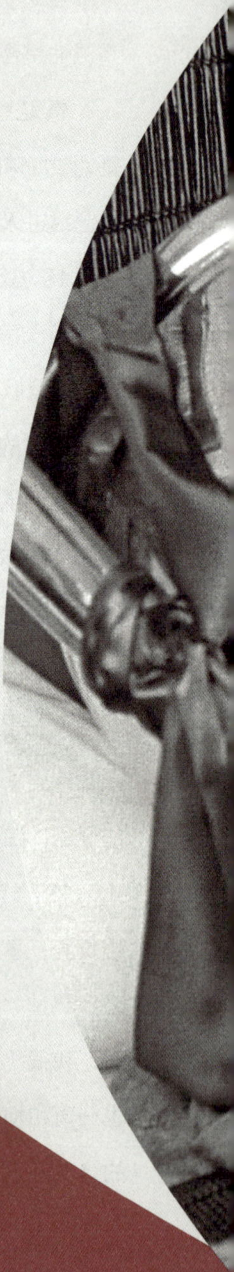

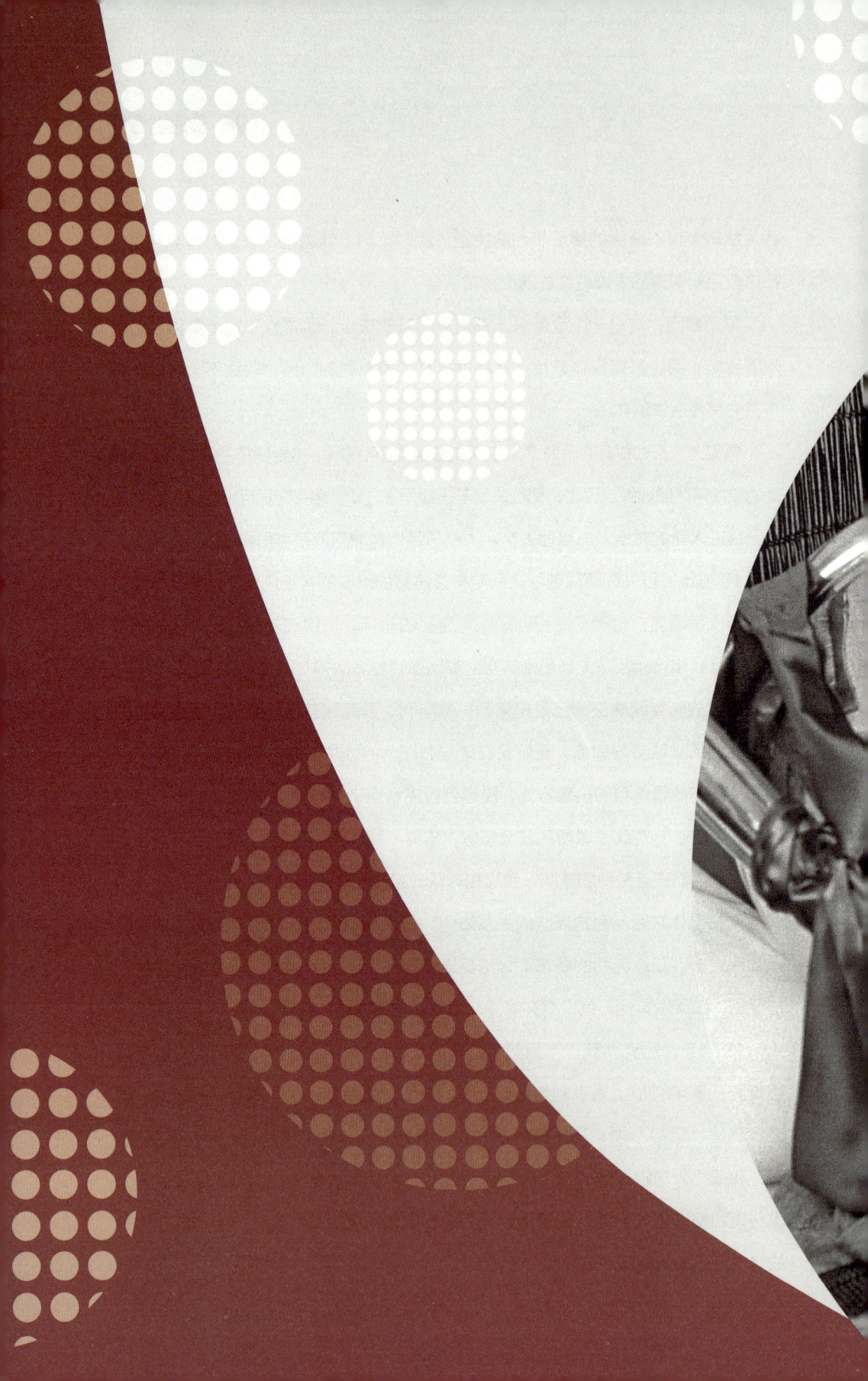

第三章

从佩斯利到费根：称霸欧冠

利物浦队王朝仍在，看台上的"佩帅"露出了灿烂的笑容，从香克利到佩斯利，从佩斯利到费根，教练换了一个又一个，但这个王朝仍在。

01

佩斯利：
从队医到主帅

佩斯利先以队医身份加入了利物浦队的教练组，之后又当上了预备队的教练。

01 佩斯利：从队医到主帅

香克利离开了利物浦队，却留下了一间"靴室"，这里孕育出了更多的主帅和更伟大的时代。

"靴室"，是安菲尔德球场主看台下面的一个房间，以前用来存放球员的球鞋。香克利上任之后，每次训练和比赛结束，助理教练鲍勃·佩斯利和罗尼·莫兰、预备队教练乔·费根、教练组成员鲁本·贝内特、青年发展官汤姆·桑德兰等人会一起在"靴室"中喝茶，谈论球队的情况。

最初，"靴室"里连椅子都没有，能坐的只有啤酒箱，这还是费根从一位熟人那里弄来的。而自打有了啤酒之后，佩斯利等人还常常邀请客队的教练到"靴室"喝一杯。久而久之，"靴室"就成了香克利助手们工作的"神经中枢"，只是香克利本人很少光顾。

言归正传。当1974年香克利宣布退休时，利物浦队球迷无法接受这个事实，甚至有工人给球队打电话威胁："如果香克利不回来，我就罢工到底！"而在临行之前，香克利也向球队推荐了自己的接班人人选，他就是佩斯利。

1919年1月23日，佩斯利出生于英格兰的赫顿勒霍尔，20岁的时候他从一支业余球队加盟到利物浦队，结果只代表预备队踢了两场比赛，就正好赶上了二战的全面爆发。

年轻的佩斯利参了军，随军开赴北非战场。在那里，他突然收到噩耗：自己15岁的弟弟病逝了！佩斯利非常悲伤，擅自离开了自己的岗位，没想到一颗炸弹正好落在了他原本待的地方，阴差阳错之下，他反倒是逃过一劫！

第三章 从佩斯利到费根：称霸欧冠

佩斯利所在的那个团，有90%的人来自利物浦，在北非炎热的沙漠里，他在战友的身上看到了利物浦这座城市的性格——顽强、坚忍、不惧困难，由此产生了对利物浦的眷恋。

二战结束之后，佩斯利回到球队，帮助利物浦队夺得了24年以来的首座顶级联赛冠军奖杯。当时的他就展现了出众的领导才能，当比赛结束后球员们还泡在浴池里放松之时，佩斯利就开始滔滔不绝地跟队友讨论比赛，还会专门分析丢球的原因。

1954年，鲍勃·佩斯利正式退役。他希望留在队中，但也做了两手准备，一旦球队不要他，他就去当搬砖工人。最终，佩斯利留下了，不过最开始他当的不是教练，而是队医！这是因为他在退役之前就已经学过理疗的专业课程了。

佩斯利先以队医身份加入了利物浦队的教练组，之后又当上了预备队的教练。1959年香克利执教之后，他被提拔为助理教练，是香克利不可或缺的左膀右

01 佩斯利：从队医到主帅

臂，当然也是"靴室"的组建者之一。

有个趣闻：凯文·基冈一度受到神秘脚伤的困扰，但队医也找不到问题所在，当时还没卸任的香克利认为他在诈伤，但是佩斯利不这么看，他把基冈叫过来，检查了基冈的脚，然后提出一连串问题，问基冈是否住在需要走漫长楼梯的阁楼上、是否经常要走上坡路、是否经常骑马等，最终找到了症结所在——基冈新买的车刹车太硬了！

02

接班香克利，超越香克利

如果说香克利是利物浦队王朝的奠基者，那么佩斯利就是利物浦队王朝的缔造者。

02 接班香克利，超越香克利

其实一开始，佩斯利并不想接香克利的班，因为自己性格比较低调，说话时总是轻声细语。佩斯利的遗孀杰西说过："鲍勃总是记得小学校长告诉他的一句话——'如果你语气柔和，人们会听你说；如果你大吼，人们转身就走。'"

但是重任在肩，佩斯利责无旁贷。而既然成了主教练，他就不容旁人置喙，哪怕是香克利。正如前文所述，当看到老领导还来参加训练时，佩斯利直言不讳地说道："比尔，只要你一来，球员就会只听你的话，在他们心里，你还是球队的主教练，这会对我的工作造成困难。"

如果说香克利是利物浦队王朝的奠基者，那么佩斯利就是利物浦队王朝的缔造者。

佩斯利进一步改变了利物浦队的战术打法。他要求球员不断地跑动，进行传跑配合；他非常讨厌长传球，要求球员通过短传渗透来撕开对手防线，但不能为了短传而短传，为了控球而控球，一旦发现好机会，也要踢得简洁高效；在无球状态下，球员则要通过前场逼抢来抢回球权——听起来，是不是非常现代？

佩斯利心思也非常缜密，观察更是细致入微。他发现门将雷·克莱门斯很讨厌风，只要感觉风对着自己吹，开球门球时就会发挥失常，于是就专门让工作人员把看台前的旗帜摘了下来，帮助克莱门斯克服困难。

还有一次，利物浦队对阵切尔西队，佩斯利跟前锋肯尼·达格利什说道："我看了几场比赛的录像带，对方门将的站位总是比较靠前。""闻弦歌而知雅意"，肯尼·达格利什在开场第6分钟就打入精彩吊射，球正好越过了对方门将的头顶。

第三章 从佩斯利到费根：称霸欧冠

佩斯利还有一大优点，就是引援的眼光非常准。1977年，凯文·基冈以50万英镑的转会费加盟汉堡队，佩斯利转头就从凯尔特人队签下了后来被尊称为"安菲尔德国王"的肯尼·达格利什；1980年，他又从切斯特队引进了威尔士射手伊恩·拉什；还有津巴布韦门将布鲁斯·格罗贝拉、英格兰左后卫阿兰·肯尼迪、爱尔兰中后卫马克·劳伦森、苏格兰中场格雷姆·索内斯，这些球员的加盟都是佩斯利的"杰作"，他们后来也都成为利物浦队的传奇球星。

在接香克利的班时，佩斯利曾经表示："我只是下一任主帅到任之前临时看店的。"但这位"看店的"，在成就方面甚至超越了香克利！

1975—1976赛季，利物浦队在英甲"三强争霸"的过程中坚持到了最后，力压女王公园巡游者队和曼联队，时隔两年再次夺得英甲冠军。

更重要的是，"红军"在欧联上接连淘汰了爱尔兰人队、皇家社会队、弗罗茨瓦夫斯拉斯克队和德累斯顿迪纳摩队，与约翰·克鲁伊夫领衔的巴塞罗那队（简

02 接班香克利，超越香克利

称"巴萨队"）会师半决赛。

面对"球圣"克鲁伊夫，佩斯利的球队大展拳脚，首回合在诺坎普球场以1比0取胜，回到安菲尔德球场又与对方以1比1战平，最终以2比1的总比分晋级决赛，与比利时的布鲁日队争夺冠军！

决赛也是两回合较量。利物浦队先主后客，结果一上来就连丢两球。不过"红军"并没有放弃，而是开始绝地反击，雷·肯尼迪、吉米·凯斯和凯文·基冈连扳三球，最终帮助球队完成了让二追三的惊天大逆转！

次回合，布鲁日队开场第11分钟就先进一球，但仅仅4分钟后，凯文·基冈就扳平比分，这一结果也保持到了整场比赛结束，利物浦队以4比3的总比分问鼎欧联。佩斯利在执教的第二个赛季，就追平了比尔·香克利的欧洲赛事冠军总数！

03

首夺欧冠冠军

就这样,佩斯利完成了对香克利的超越,为利物浦队带来了球队历史上的第一座欧冠冠军奖杯!

03 首夺欧冠冠军

香克利执教生涯的最大遗憾，就是没有夺得过欧冠冠军，而这一遗憾，佩斯利希望用自己的双手来弥补。

1976—1977赛季，利物浦队在慈善盾杯中以1比0击败南安普顿队，拿下新赛季的首个冠军。在英甲赛场上，"红军"前进的脚步依然不可阻挡，尤其是在安菲尔德球场，利物浦队简直所向披靡，取得了18胜3平的骄人战绩，最终以1分优势力压曼城队，成功卫冕。

第三章 从佩斯利到费根：称霸欧冠

接着，重头戏来了！

欧冠赛场上，利物浦队一路高歌猛进，先是大胜北爱尔兰的十字军队，接着淘汰了土耳其的特拉布宗体育队，1/4决赛成功逆转上赛季欧冠亚军圣艾蒂安队，半决赛逆转苏黎世队，球队历史上第一次进入欧冠决赛！

就在欧冠决赛的四天前，利物浦队先迎来了足总杯决赛，结果1比2不敌曼联队，提前宣告无缘"三冠王"。与欧冠决赛的对手门兴格拉德巴赫队相比，"红军"的最大劣势就是体能，球员已经在一个月之内踢了17场比赛，队长埃姆林·休斯感叹道："我这辈子就没这么累过。"

此外，约翰·托沙克和菲尔·汤普森的因伤缺席，也令利物浦队在攻防两端都受到不小的影响。不过，佩斯利依然对取胜充满信心，凯文·基冈也是，因为他在赛季中期已经表示会在赛季结束后离开球队，这场决赛，肯定是他在利物浦队的最后一场比赛了。

03 首夺欧冠冠军

利物浦队做到了。特里·麦克德莫特在第28分钟头球破门打破僵局，被扳平后，汤米·史密斯在第65分钟的头球让利物浦队再次领先；基冈也做到了，他在第84分钟制造点球，菲尔·尼尔一击即中，将最终的比分锁定为3比1！

就这样，佩斯利完成了对香克利的超越，为利物浦队带来了球队历史上的第一座欧冠冠军奖杯！

不过，佩斯利依然非常冷静，他在庆功仪式上说道："我什么也不喝，只想细细品味这个冠军的滋味。此时此刻，整个罗马（该赛季欧冠决赛举办地）最清醒的两个人应该是我和教皇。"

04

欧冠两连冠

诺丁汉森林队还在联赛杯决赛中战胜了利物浦队，荣膺"双冠王"！不过，佩斯利的球队并没有陷入失落的情绪当中，因为利物浦队在欧洲赛场找回了颜面。

04 欧冠两连冠

1977年夏天,凯文·基冈走了,佩斯利以44万英镑的价格签下了肯尼·达格利什。

1951年3月4日,达格利什出生于苏格兰格拉斯哥东部的小城市达尔马洛克,父亲是一名工程师。达格利什从小就是苏格兰豪门格拉斯哥流浪者队的球迷,但是他去该队试训之后没有收到任何回复,最终转投格拉斯哥流浪者队的死敌凯尔特人队。

很快,达格利什就成了凯尔特人队的头号射手兼队长,一共打入167球,帮助球队夺得5个联赛冠军、4个苏格兰杯冠军、1个苏格兰联赛杯冠军,并且在代表苏格兰队对阵英格兰队的"不列颠内战"中破门得分,一举赢得了利物浦队的青睐。

而来到利物浦队之后,达格利什几乎无缝融入,前7场就攻进6球,彻底征服了"KOP"看台上的拥趸。此外,年轻的阿兰·汉森也成长为后防线上的核心。

1977—1978赛季,利物浦队的争冠对手变成了一代名帅布莱恩·克拉夫率领的诺丁汉森林队。对方表现非常出色且稳定,几乎没有给利物浦队留任何机会,"红军"只能眼睁睁地看着诺丁汉森林队一骑绝尘,而自己则以7分的较大差距获得英甲亚军,无缘卫冕。

诺丁汉森林队还在联赛杯决赛中战胜了利物浦队,荣膺"双冠王"!不过,佩斯利的球队并没有陷入失落的情绪当中,因为利物浦队在欧洲赛场找回了颜面。

第三章 从佩斯利到费根:称霸欧冠

这一赛季的欧洲超级杯,利物浦队在首回合以1比1战平汉堡队的情况下,次回合在主场以6比0横扫对手,麦克德莫特上演帽子戏法,达格利什也有进球入账!

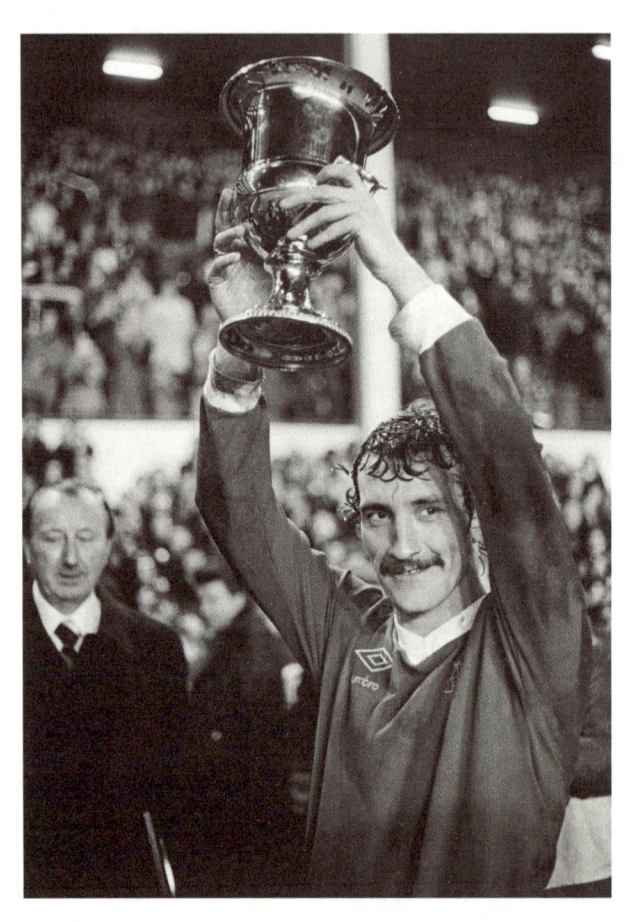

这也是"红军"历史上第一次成为"欧洲王中王",为卫冕欧冠开了一个好头。

总比分6比3战胜德累斯顿迪纳摩队,总比分6比2击败本菲卡队,利物浦队几乎兵不血刃地就跻身欧冠四强。而半决赛,"红军"的对手就是自己在上赛季欧冠决赛中遇到的门兴格拉德巴赫队。

04 欧冠两连冠

首回合，利物浦队以1比2告负，但是次回合回到安菲尔德球场后，雷·肯尼迪开场7分钟就扳平总比分，达格利什和吉米·凯斯各进一球，将总比分反超，最终利物浦队以4比2的总比分逆转淘汰对手，连续两年晋级欧冠决赛！

决赛的对手是两年前在欧联决赛遇到过的布鲁日队。最终的结果也和两年前一样，利物浦队以1比0小胜，取得全场唯一进球的是谁？正是肯尼·达格利什！

达格利什非常自律，不抽烟、不喝酒，不夜间外出寻欢作乐，把一切都奉献给了足球，在加盟利物浦队的第一个赛季，他就帮助球队在欧冠上成功卫冕，各项赛事共打入31球，是当之无愧的射手王！

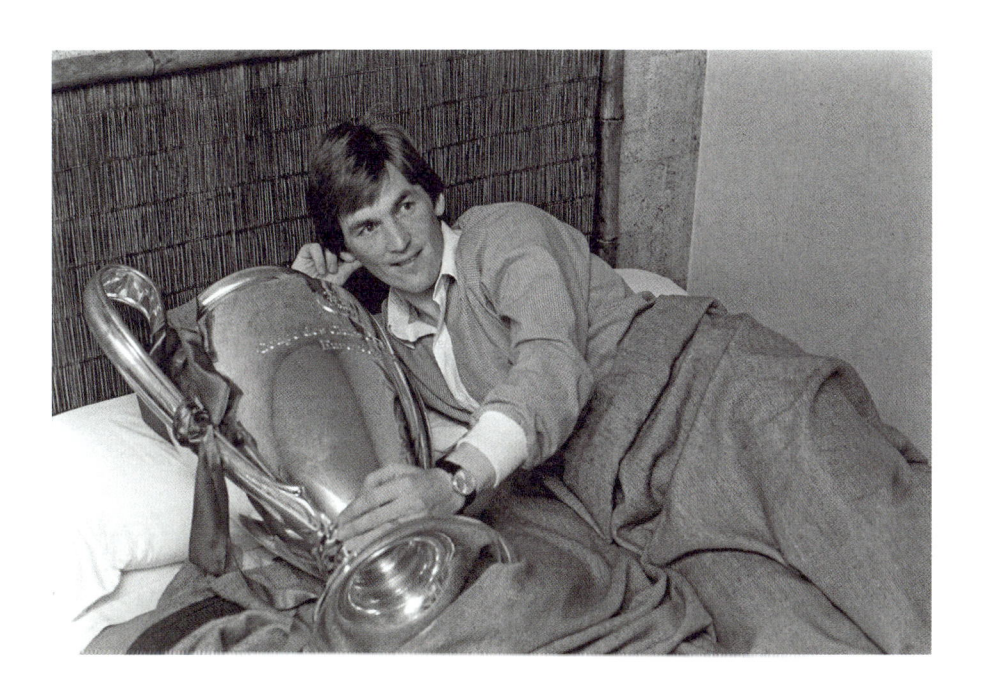

利物浦队成为英格兰足坛历史上第一支在欧冠上成功卫冕的球队，也是迄今为止仅有的两支球队之一，另一支便是接下来两年蝉联欧冠冠军的诺丁汉森林队。

05

用第三座欧冠奖杯告别

1比0！利物浦队第三次获得欧冠冠军，佩斯利也第三次举起欧冠冠军奖杯，成为球队历史上夺冠次数最多的主教练！

05 用第三座欧冠奖杯告别

欧冠两连冠已经到来，三连冠还会远吗？真的挺远的。

1978—1979赛季，利物浦队先是在欧洲超级杯上输给了比利时的安德莱赫特队，接着又在欧冠上成为诺丁汉森林队创造奇迹的垫脚石。而1979—1980赛季，"红军"惨遭第比利斯迪纳摩队逆转，又一次倒在欧冠第一轮。

不过在英甲赛场上，佩斯利的球队依然"打遍英伦无敌手"，蝉联联赛冠军，而且1978—1979赛季只丢了16球，创造英甲单赛季失球最少的历史纪录。然

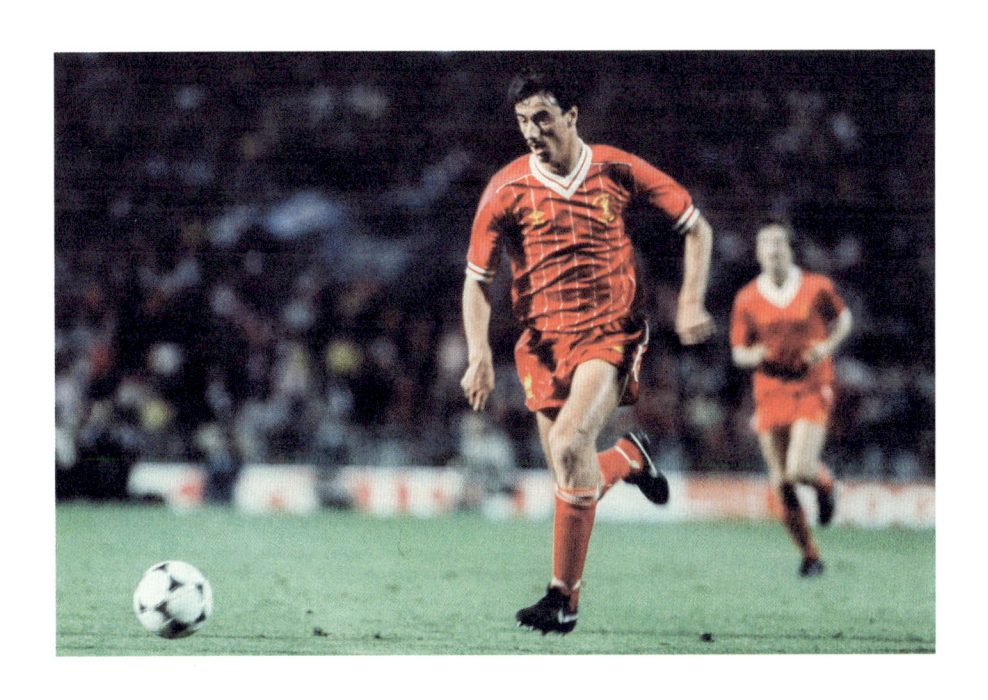

第三章 从佩斯利到费根：称霸欧冠

而，两次尝过欧冠冠军滋味的佩斯利绝不甘心球队只是称霸国内赛场，他还想要第三次问鼎欧冠！

1980年12月，佩斯利以35万英镑引进了威尔士前锋伊恩·拉什。拉什出生于1961年10月20日，加盟利物浦队的时候还不到20岁，可以说是真正的"名不见经传"。而来到利物浦队的第一个赛季，他更多是在预备队踢球，属于他的时代还没有到来。

1981年4月1日，利物浦队在重赛中击败了西汉姆联队，用一座联赛杯冠军奖杯为自己的欧冠争霸加油打气。此时的"红军"，在欧冠中已经接连淘汰阿伯丁队和索菲亚中央陆军队，半决赛遭遇拜仁队。

拜仁队曾在1973—1974赛季、1974—1975赛季、1975—1976赛季完成欧冠三连冠，如今东山再起。两队真的堪称势均力敌，首回合在安菲尔德球场互交白卷，次回合在慕尼黑也是1比1战平。所幸，利物浦队依靠客场进球多的优势，最终时隔三年再次闯入欧冠决赛。

巴黎王子公园球场，利物浦队迎战欧冠霸主皇家马德里队（简称"皇马队"）。皇马队曾经完成欧冠五连冠，但这是其自1966年以来第一次进入欧冠决赛。

和半决赛一样，双方踢得难分难解，直到第82分钟，皇马队后卫出现致命失误，阿兰·肯尼迪抓住机会，一击制胜！

1比0！利物浦队第三次获得欧冠冠军，佩斯利也第三次举起欧冠冠军奖杯，成为球队历史上夺冠次数最多的主教练！此外，他还是很长一段时间内唯一带领同一支球队三夺欧冠冠军的主教练，这一纪录直到2018年才被齐内丁·齐达内追平。

后来，佩斯利解释了"红军"能够称霸欧洲的原因："秘诀在于球员永不疲倦地奔跑与战斗。我们相互支持并专注于控球，这就是我们将整个欧洲大陆玩弄于股掌之间的诀窍。"

05 用第三座欧冠奖杯告别

然而，夺冠的喜悦刚持续不久，就因为香克利在1981年9月29日去世而被冲淡了许多。

接下来的两个赛季，利物浦队在佩斯利的带领下又完成英甲两连冠，将顶级联赛的夺冠次数增加到14次。在联赛杯赛场上，"红军"已经实现两连冠，并在1982—1983赛季向着三连冠进发。

1983年3月26日，联赛杯决赛上演"双红会"。在曼联队率先取得进球的情况下，阿兰·肯尼迪再次立功，在第75分钟扳平比分，而罗尼·惠兰更是在第98分钟打入绝杀球，2比1，利物浦队又赢了！

颁奖典礼上，格雷姆·索内斯拒绝上台领奖，并坚持让鲍勃·佩斯利来领奖，因为所有球员都知道，佩斯利要离开了。

执教以来，佩斯利为利物浦队带来了20座冠军奖杯，包括3个欧冠冠军、6个

第三章 从佩斯利到费根：称霸欧冠

英甲冠军、3个联赛杯冠军、6个慈善盾杯冠军、1个欧联冠军、1个欧洲超级杯冠军。除了足总杯，佩斯利早已成就"大满贯"。迄今为止，他仍然是"红军"历史上夺冠次数最多的主教练！

然而在为利物浦队效力44年之后，64岁的佩斯利真的累了，而且患有静脉瘤，所以他决定在这个赛季结束后急流勇退。在球员的劝说下，他登上了温布利球场的39级台阶，领奖之前还脱下了白色雨衣和帽子，尽显绅士风范。

现在再想想他刚上任时说的那句"我只是下一任主帅到任之前临时看店的"，不禁让人感叹佩斯利的谦逊。如果"看店"都能"看"出20冠，那么世界上的所有球队都希望有这样一个"看店的"！

06

费根：延续辉煌

接管球队的第一个赛季，费根就率领球队重新登上欧洲之巅，伊恩·拉什凭借在联赛打入的32球获得欧洲金靴奖。

第三章 从佩斯利到费根：称霸欧冠

退休之后，鲍勃·佩斯利就进入了利物浦队的董事会，而他的继任者，是同样来自"靴室"的乔·费根。

费根出生于1921年3月12日，担任利物浦队主教练的时候已经62岁了。他在球员时代寂寂无闻，当教练之后也一直混迹于小球队，直到进入利物浦队的教练组才有施展拳脚的机会，和佩斯利一起成为香克利的得力助手。

原本利物浦队想要一个年富力强的新教练，但佩斯利表示："不要忘了'烟鬼'费根。他了解球队的一切，擅长倾听意见，不会给球队添乱，而且经验丰富，让他试试吧。"

爱抽烟，也许是费根唯一的缺点。据说为了缓解紧张心理，他曾经一下子抽了三箱烟。整天闻着烟味儿，球员受不了了，再加上担心教练的健康，就劝他戒

06 费根：延续辉煌

烟。费根却不以为然地说道："我年纪都这么大了，就算戒了烟又能怎么样？你们还是忍着点儿，去踢球吧。"

除了这一点，费根就是典型的利物浦人，而且他深爱这支球队。他的家就在通往安菲尔德球场的大路旁的一栋红房子里，而且他一住就是三十年。他说起话来，也是铿锵有力："利物浦队不会过于介意对手的情况，在90分钟里，我们要做的就是进攻，这二十多年里我们一直都是这样做的，我们取得的优异成绩也证明了这一点。足球就是这样一种简单的游戏，虽然这难以令人相信，真正的秘诀是自信，不能陷入战术束缚之中。如果对方对我们紧逼不舍并最终战胜我们，我将向对手表示祝贺，但是在比赛前称赞对手是愚蠢的。"

与香克利不同，佩斯利绝不干涉费根执教，也不参与球队的任何具体事务。后来，达格利什成为利物浦队的主教练，佩斯利依然保持这一风格，尽可能地低调。1992年，佩斯利被诊断出患有阿尔茨海默病，从安菲尔德球场开车回家都不记得路了。4年之后，佩斯利病逝，享年77岁。为了纪念他，安菲尔德球场的一个入口以其名字来命名，称为"佩斯利门"。

第三章 从佩斯利到费根：称霸欧冠

回到费根。

他让球队保持了佩斯利的冠军阵容，并且萧规曹随，让利物浦队的辉煌得以延续。1983—1984赛季，"红军"虽然在慈善盾杯中输给了曼联队，但在联赛里依然没有对手，最终以80分的成绩实现三连冠伟业，成为继哈德斯菲尔德队和阿森纳队之后，英格兰顶级联赛历史上又一支三连冠球队。

同时，利物浦队历史上第15次夺得英甲冠军奖杯，遥遥领先于英格兰的其他球队。

而在欧冠赛场上，费根同样延续了佩斯利时代的辉煌。布鲁斯·格罗贝拉、马克·劳伦森、罗尼·惠兰和伊恩·拉什已经组成了新的中轴线，他们带领球队连续淘汰欧登塞队、毕尔巴鄂竞技队和本菲卡队，跻身四强。

半决赛，利物浦队面对罗马尼亚豪门布加勒斯特迪纳摩队，经过两场苦战，最终凭借伊恩·拉什在次回合的梅开二度终结比赛悬念，第四次晋级欧冠决赛！

1984年5月30日，欧冠决赛在罗马奥林匹克体育场举行，利物浦队的对手正是主场作战的罗马队。不过费根并不畏惧对方的主场优势，赛前就放出豪言："只要我们踢出自己擅长的东西，世界上就没有球队能够拦住我们。"

第15分钟，菲尔·尼尔为"红军"打破僵局，但第44分钟，罗马队扳平比分。此后双方再无建树，只能进入残酷的点球大战。

点球大战中，津巴布韦门将格罗贝拉立功了！虽然"红军"阵中的史蒂夫·尼科尔第一个主罚点球就击中球门横梁，但格罗贝拉守在球门前，罗马队的布鲁诺·孔蒂和弗朗西斯科·格拉齐亚尼先后罚丢。

当罗马队头号球星孔蒂准备罚球的时候，格罗贝拉跳起了不停扭动下肢的怪异舞蹈，令人瞠目结舌，后人称其为"意大利面舞"。滑稽的舞蹈扰乱了孔蒂的思绪，最终他将点球踢飞。

06 费根：延续辉煌

就这样，利物浦队在点球大战中4比2战胜罗马队，第四次问鼎欧冠！更具戏剧性的是，"意大利面舞"在2005年欧冠决赛上被利物浦队的另一位门将耶日·杜德克模仿，再次帮助队伍在点球大战中取胜，当然那是后话了。

接管球队的第一个赛季，费根就率领球队重新登上欧洲之巅，伊恩·拉什凭借在联赛打入的32球获得欧洲金靴奖。利物浦队王朝仍在，看台上的"佩帅"露出了灿烂的笑容，从香克利到佩斯利，从佩斯利到费根，教练换了一个又一个，但这个王朝仍在。

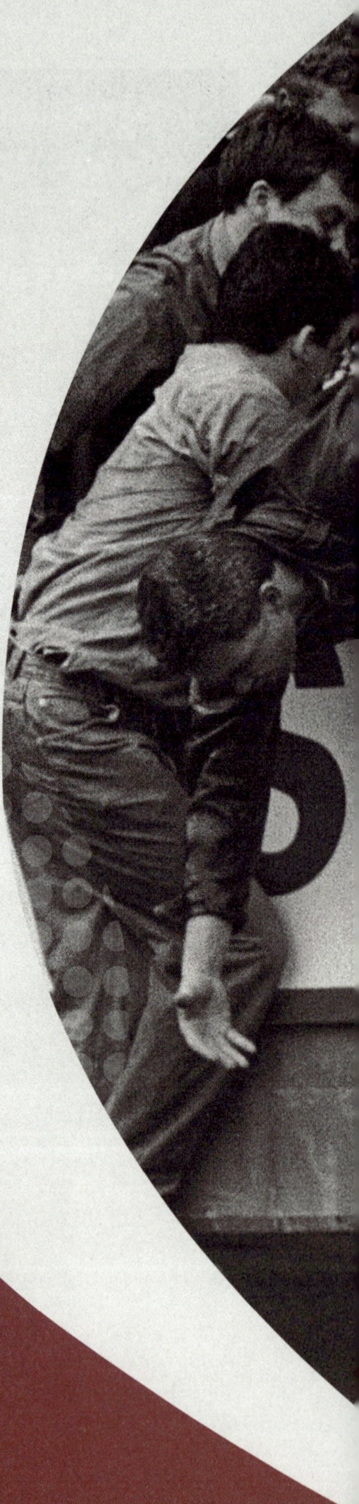

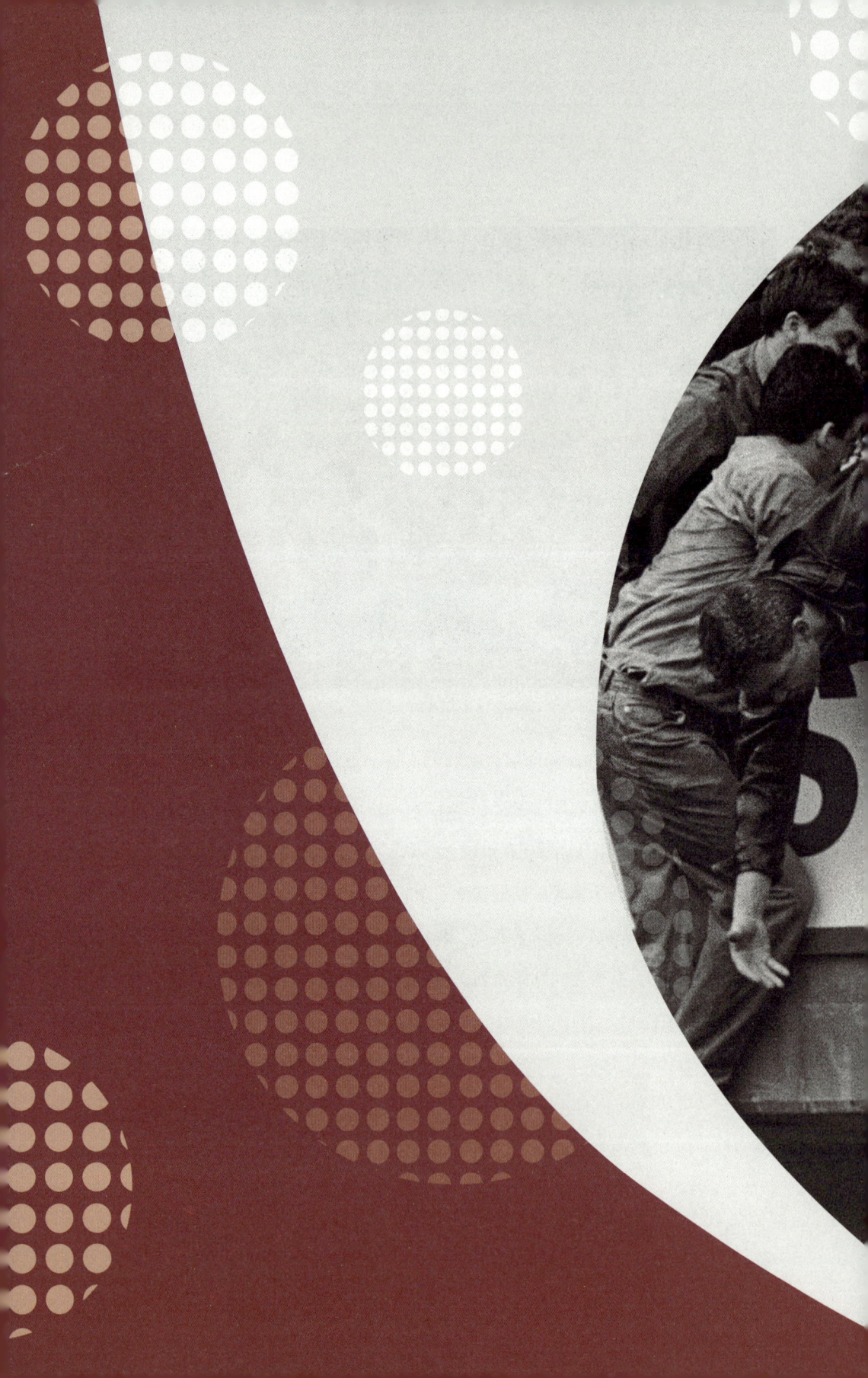

第四章

惨案，不能承受之痛

足球已经不重要了，没有任何比赛值得人们付出生命。在生命面前，其他任何事都显得毫无意义。

01

海瑟尔惨案

如果只是"四亚王",整个利物浦队和球迷是完全可以接受的,只要能够不发生那起震惊世界的惨案就好!

01 海瑟尔惨案

1984—1985赛季，格雷姆·索内斯离开了利物浦队，费根签下了苏格兰球员约翰·瓦克，而这位新援表现也相当亮眼，各项赛事斩获27球，力压伊恩·拉什成为队内的射手王。

不过这个赛季注定不属于"红军"。慈善盾杯，利物浦队不敌同城死敌埃弗顿队；英甲赛场，利物浦队以13分的巨大差距输给埃弗顿队，获得亚军，同时遭到对手的双重压制；联赛杯，利物浦队在第三轮被热刺队淘汰；足总杯，利物浦队在半决赛重赛中输给了曼联队；欧洲超级杯，球队以0比2不敌尤文队；洲际杯，球队又以0比1负于阿根廷的独立竞技队，再一次屈居亚军！

如果只是"四亚王"，整个利物浦队和球迷是完全可以接受的，只要能够不发生那起震惊世界的惨案就好！

这个赛季的欧冠，身为上赛季冠军的利物浦队一路过关斩将，接连淘汰了波兰的波兹南莱赫队、葡萄牙的本菲卡队、奥地利的维也纳队、希腊的帕纳辛奈科斯队，再次进入决赛，结果又遇到了此前在欧洲超级杯的对手尤文队。

1985年5月29日，欧冠决赛在比利时布鲁塞尔的海瑟尔体育场举行。这是一座年久失修的体育场，利物浦队和尤文队都要求欧洲足球协会联盟（简称"欧足联"）更改比赛地点，比如换到伯纳乌球场等地，但是被欧足联拒绝了。

欧足联把决赛的门票分成了三份，一份给利物浦队球迷，一份给尤文队球迷，最后一份留给中立球迷。但由于海瑟尔地区是意大利人聚居地，中立球票大多被意大利人买走，所以利物浦队球迷入场时，发现对方球迷的人数比他们多了

第四章 惨案，不能承受之痛

一倍！

更令利物浦队球迷生气的是，原本分给他们的Z区被临时变更给了中立球迷，而这片区域最终也被尤文队球迷占据，冲突隐患就此埋下。

决赛开始前，利物浦队方面就非常担忧地告诉欧足联，球场的隔离工作做得不够好，安全措施也不到位，但欧足联依然置之不理。

距离开球还有一小时的时候，双方球迷开始发生冲突，隔着栅栏相互挑衅。不久后，冲突升级为相互用石头、杂物攻击对方，混乱爆发了！尤文队球迷四散而逃，但现场的比利时警察没搞清状况，把出口堵住了，尤文队球迷被迫冲向看台低处及另一侧的围墙，结果墙壁突然倒塌，混乱之中球迷互相拥挤踩踏，最终39名球迷不幸遇难，300多人受伤。

著名的利物浦队球迷、The Farm（农场）乐队前主唱彼得·胡顿回忆道："比赛开始之后看台上仍然不断地发生冲突，你总能看到尤文队球迷在看台的另

01 海瑟尔惨案

一端拿着棍子或其他杂物试图向利物浦队球迷涌来。如果他们真的成功冲到利物浦队球迷看台,天知道会发生什么,或许伤亡会更加惨重。当时我在想'我们已经打到欧冠决赛了,但这简直是个天大的玩笑'。我那时没料到、更不知道有人死了,但我心里就在咒骂'这里简直就是个屠宰场!'"

乔·费根曾亲自去劝说球迷,但没有起到任何作用。利物浦队队长菲尔·尼尔也带着保镖和扩音器来到看台,但是就连他也不断遭到攻击。有欧足联官员递给菲尔·尼尔一份声明让他去宣读,但他把声明揉成团后扔在地上,然后呼吁利物浦队球迷保持冷静。

最终,法国足球巨星米歇尔·普拉蒂尼打入了一个有争议的点球,利物浦队以0比1负于尤文队,未能成功卫冕,获得了赛季第五个亚军,但是与惨案相比,这场比赛的结果已经不算什么了。

第四章 惨案，不能承受之痛

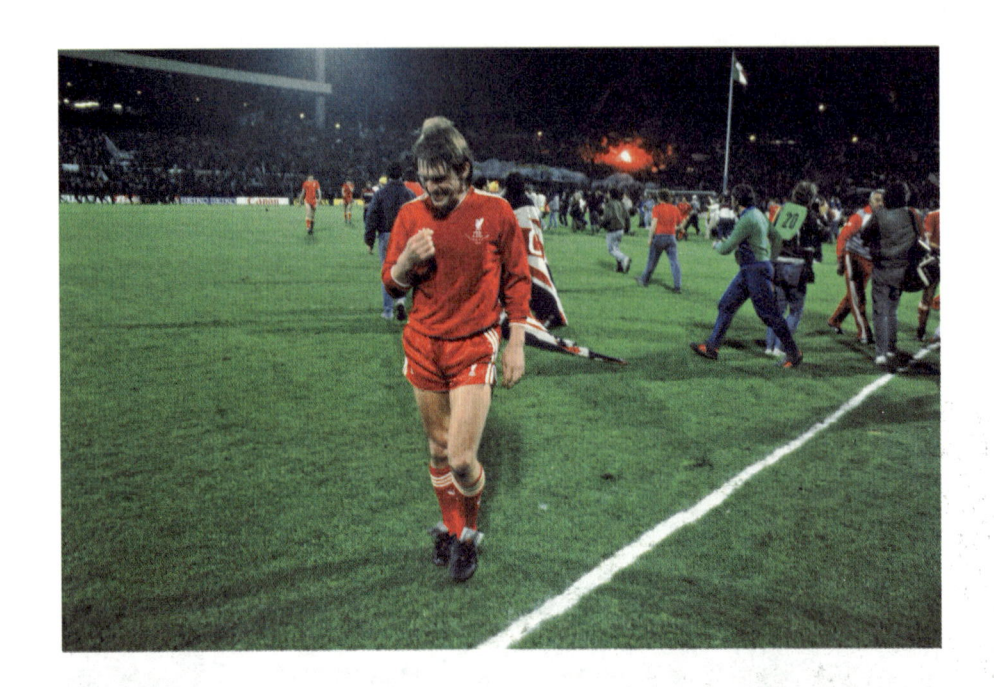

　　肯尼·达格利什说道："我们离开酒店的时候，看到意大利球迷在哭泣并用东西砸我们的大巴，而当我们离开布鲁塞尔的时候，意大利球迷变得更狂暴了，这是可以理解的，他们的39名同胞遇难了。我们的大巴不得不需要大量警力来保护。当时有个意大利球迷的脸正对着我的位置旁的车窗，他不停地哭泣和嚎叫，那种情况下你会为失去同胞的他们感到难过。

　　"足球已经不重要了，没有任何比赛值得人们付出生命。在生命面前，其他任何事都显得毫无意义。尤文队球迷不应该向对方球迷扔石头，而利物浦队球迷也不应该用同样的方式还击。双方球迷都不该让这样的悲剧发生。如果他们预见到这样可怕的后果，或者考虑一下那么做会产生什么样的后果，我确信意大利球迷决不会扔石头，英国球迷也不会报复。意大利球迷和英国球迷中的每个人肯定都会为此感到后悔，我相信直到现在他们也依然后悔着。"

01 海瑟尔惨案

海瑟尔惨案,让利物浦队和英格兰足球付出了惨重的代价。乔·费根宣布卸任,多名利物浦队球员受到心理创伤,更多球迷选择从此不再去现场看球;欧足联禁止英格兰所有球队5年内参加欧洲赛事,利物浦队则为7年。

时任英国首相撒切尔夫人也实施了"铁腕"举措,不仅要求英格兰各球队退出欧洲赛事,还提出多项法律,严厉打击足球流氓,甚至差点儿在球场里竖起电网!

02

"国王"临危受命

背负着海瑟尔惨案的伤痛,利物浦队在联赛里的发挥非常稳健,再次与埃弗顿队竞争到最后。

02 "国王"临危受命

费根离开了,利物浦队决定打破"助教转正"的传统,让"国王"肯尼·达格利什担任主帅,同时兼任球员,鲍勃·佩斯利也成了球队的顾问,当然他还是秉持着不干涉具体事务的原则。

1985年12月,菲尔·尼尔离开了"红军",但达格利什手下已经有了史蒂夫·尼科尔、扬·莫尔比、史蒂夫·麦克马洪等一大批悍将,保罗·沃尔什也成了达格利什的锋线接班人。

背负着海瑟尔惨案的伤痛,利物浦队在联赛里的发挥非常稳健,再次与埃弗顿队竞争到最后。联赛末轮,"红军"客场挑战切尔西队,达格利什首发登场,在斯坦福桥球场取得全场比赛的唯一进球,最终率领球队捧起了第16座顶级联赛冠军奖杯!

第四章 惨案，不能承受之痛

在足总杯赛场上，利物浦队同样是披荆斩棘，一路杀入决赛，结果又遇到了埃弗顿队。这场默西塞德郡德比，伊恩·拉什挺身而出，梅开二度，"红军"最终以3比1逆转取胜，球队历史上第一次成为英甲和足总杯的"双冠王"！

然而在1986年7月，又一个震动利物浦队的事件发生了：伊恩·拉什以创纪录的320万英镑转会费加盟尤文队！所幸，拉什会以租借球员的身份继续为利物浦队效力一个赛季，当然这也是最后一个赛季了。

1986—1987赛季，拉什在英甲中打入30球，高居射手榜第二名，但是利物浦队在联赛积分榜上也是第二名，加上在联赛杯决赛再次失利，球队仿佛延续了上一赛季的魔咒。好在"红军"在慈善盾杯中与埃弗顿队战平、共享冠军，避免了无冠的尴尬。

02 "国王"临危受命

到了1987—1988赛季，随着伊恩·拉什正式加盟尤文队，达格利什决定重塑锋线，先后引进了前锋约翰·奥尔德里奇、彼得·比尔兹利以及边锋约翰·巴恩斯。结果这支更年轻的"红军"踢出了令人赏心悦目的攻势足球，联赛开局取得29场不败！

最终，利物浦队以9分的优势击败曼联队，时隔一年再次问鼎英甲，顶级联赛冠军总数也达到了17个。可惜的是，在足总杯决赛，"红军"爆冷输给了温布尔登队，无缘再次荣膺"双冠王"。

03

希尔斯堡惨案

最终,铁丝网倒塌了,人们疯狂地冲过铁丝网,冲入球场,根本顾不上自己踩到了谁,踩的是活人还是死人。

03 希尔斯堡惨案

接下来的1988—1989赛季，利物浦队赢得了球队历史上的第四个足总杯冠军，但是在对联赛冠军的争夺中，"红军"未能成功卫冕，输给了阿森纳队，成为亚军。不过利物浦队还是有喜事的，那就是拉什在尤文队度过了一个不开心的赛季之后，又重新回到了安菲尔德球场！然而当时的拉什肯定不会想到，自己会亲身经历又一桩惨案。

1989年4月15日，利物浦队和诺丁汉森林队在足总杯半决赛相遇，这场比赛在英国谢菲尔德的希尔斯堡球场举行。

负责安保工作的南约克郡警察局局长杜肯菲尔德对于这项工作很是懈怠，没有亲自去希尔斯堡球场踩点，而且只是把酒精视为安保的"头号敌人"，要求检查每一名球迷有没有喝酒，却没有对球迷聚集和拥堵给予足够的警惕，更没有准备相应的应急计划和措施。

希尔斯堡球场的周边都是居民区，交通不畅。球场建于1899年，虽然后来经过翻修，但设施依然老化，安排也不合理。比如西看台外的区域非常狭小，却需要应付2.5万人排队入场，而利物浦队球迷就被安排在此等候进入球场。

正午之前，转门开放，第一批利物浦队球迷人数比较少，还能正常入场。下午两点之后，入场球迷的数量激增。等到距离开赛只剩半个小时的时候，依然有约5000名球迷等在场外，造成严重拥堵。

球迷越挤越多，前方和左右都是墙和铁丝网。由于对讲机失灵，场内的警员根本不清楚外面的情况，虽然球场广播在呼吁球迷不要再往里挤，但是外面的人

第四章 惨案，不能承受之痛

根本听不清，于是局面开始失控。

负责维持西看台外现场秩序的警官马歇尔请求指挥中心允许打开C大门（用作出口的大门，没有转门），杜肯菲尔德一开始是拒绝的，但此时已经有20名球迷冲了过来，于是他只能允许开门。结果C大门一开，"地狱之门"也被打开了。

数千名球迷蜂拥而上，挤在只能容纳一千多人的狭小区域里，很多人被挤到了铁丝网上，无法呼吸，开始失去意识，而后面的人对此全然不知，继续向前挤。

此时，有人发现身边的人死了，急忙冲着铁丝网前的警察大喊，要求他们把铁丝网上的小门打开，但警察不为所动。于是，球迷只能自救，有的人爬上了上层看台，有的人翻过了旁边的铁丝网。最终，铁丝网倒塌了，人们疯狂地冲过铁丝网，冲入球场，根本顾不上自己踩到了谁，踩的是活人还是死人。

大规模踩踏事件发生了，造成96人丧生，200多人受伤。其中最小的死者是一名叫乔恩·吉尔休利的10岁男孩，他有一个小两岁的表弟，名字叫史蒂文·杰

03 希尔斯堡惨案

拉德。惨案发生9年后，当杰拉德第一次代表利物浦队在联赛中出场时，他哭着对乔恩·吉尔休利的父母说："乔恩正看着我，我会永远为他而战！"

惨案发生后，杜肯菲尔德将责任都推给了利物浦队球迷，英足总官员格雷厄姆·凯利又将这一谎言转述给了全世界媒体。于是，"红军"拥趸就这样背上了黑锅！

很快，彼得·泰勒大法官接受英国内政大臣的任命，对惨案展开调查。调查从1989年5月15日开始，为期31天。彼得·泰勒一共发布了两份报告。其中一份是8月初的《临时报告》，史称《泰勒报告》，报告得出的结论是必须对英国球场设施的安全状况做彻底调查。这份报告直接促使英格兰和苏格兰顶级联赛的所有球场淘汰阶梯式站立看台，改建为全坐席球场。

同时，《泰勒报告》还指出，这起惨案的主要原因是警方监管不力，不少球迷大量饮酒、无票球迷试图进场等只是次要原因。

04

沉冤得雪

公道终于被还回来了,但逝去的生命已经无法挽回。

04 沉冤得雪

就在惨案发生后的周三,英国著名小报《太阳报》的主编麦肯济在头版头条刊出所谓的"真相"(THE TRUTH),并且发布了三篇文章,分别是《球迷翻死难者的钱包》《球迷朝着勇敢的警员小便》《球迷痛打正在做人工呼吸的警员》,将矛头再次指向了利物浦队球迷,认为他们才是惨案的罪魁祸首。

在利物浦队球迷持续多年的强烈抗议之下,《太阳报》直到2004年7月才刊出道歉声明,表示该报"犯下了创刊以来最可怕的错误"。但是依然还有很多不明真相的人坚持表示,利物浦队球迷是"罪有应得"。

第四章 惨案，不能承受之痛

2011年10月17日，英国政府表示将公开希尔斯堡惨案的全部绝密文件，继续展开调查。2012年9月12日，调查结果正式出炉，惨案真相大白，利物浦队球迷的冤情终于得以昭雪。

2016年4月26日，英国高等法院陪审团裁定，南约克郡警方玩忽职守，现场组织、管理和控制不力，最终导致人群失控，相互踩踏，酿成惨剧，当年遇难的96名球迷是被"非法致死"。

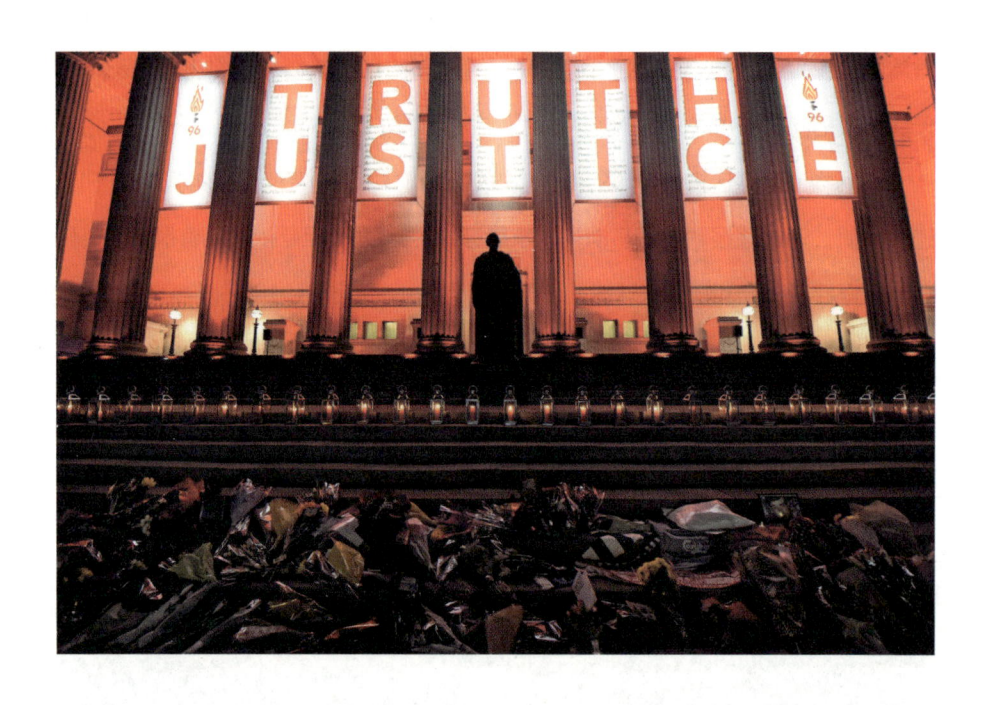

公道终于被还回来了，但逝去的生命已经无法挽回。整个足球世界也为此感到痛心，德国的拜仁队和多特蒙德队、意大利的那不勒斯队、俄罗斯的莫斯科迪纳摩队都举行了捐款活动，皇马队和AC米兰队球迷更是一起高唱 *You'll Never Walk Alone*（你永远不会独行）！

04 沉冤得雪

　　1989年5月20日，足总杯决赛上演默西塞德郡德比，不过这次的德比战没有火爆，只有温情。凭借伊恩·拉什的梅开二度，利物浦队通过加时赛以3比2击败埃弗顿队，夺得冠军，以这座奖杯告慰逝去的拥趸。

05

18冠，王朝谢幕

从18冠到19冠，利物浦队竟然用了足足30年。

05 18冠，王朝谢幕

1989—1990赛季，利物浦队拿出了火力十足的状态，在联赛中，伊恩·拉什打入18球，彼得·比尔兹利也攻进10球，约翰·巴恩斯则收获22球的战绩，成为队内的最佳射手！租借来的以色列前锋罗尼·罗森塔尔更是成为最大惊喜，8场比赛打入7球的效率相当惊人。

这样一支攻击能力超群的"红军"，谁是敌手？根本没有任何球队能够与之抗衡。最终，利物浦队以9分的优势击败阿斯顿维拉队，夺得了球队历史上第18个顶级联赛冠军。

1990年5月1日，利物浦队的最后一场主场比赛，主帅达格利什在最后时刻把球员达格利什换了上来，这是39岁的他作为利物浦队球员、作为职业球员的最后一场比赛，其传奇的球员生涯就此谢幕。

希尔斯堡惨案发生后，达格利什亲历了太多的生离死别，甚至一天之内参加了四场葬礼。而心理上造成的巨大伤痛，让他难以承受，最终他决定在1991年2月22日宣布辞职。

此时，利物浦队还在英甲积分榜上领先第二名3分，"靴室"成员罗尼·莫兰紧急上任"救火"，名宿格雷姆·索内斯则在4月16日被正式任命为新的主教练。遗憾的是，"红军"最终被阿森纳队反超，无缘1990—1991赛季的英甲冠军。

截至此时，利物浦队的顶级联赛冠军总数是18个，在夺冠次数的排行榜上遥遥领先，比曼联队还要多出11个。虽然达格利什离开了，但格雷姆·索内斯被

第四章 惨案，不能承受之痛

05 18冠,王朝谢幕

"KOP"寄予厚望,几乎所有人都认为"红军"王朝的辉煌将延续下去。

然而谁又能想到,未来的30年,利物浦队竟然会与顶级联赛冠军无缘。从18冠到19冠,利物浦队竟然用了足足30年。

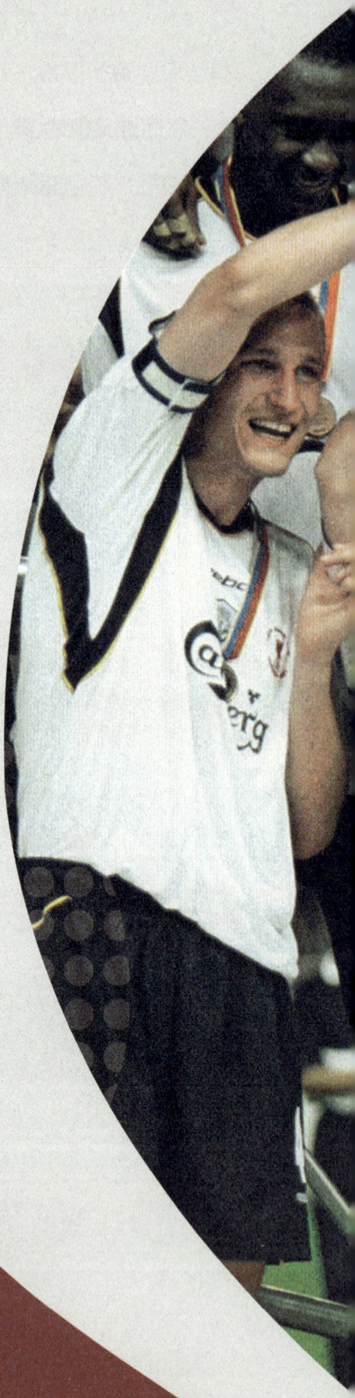

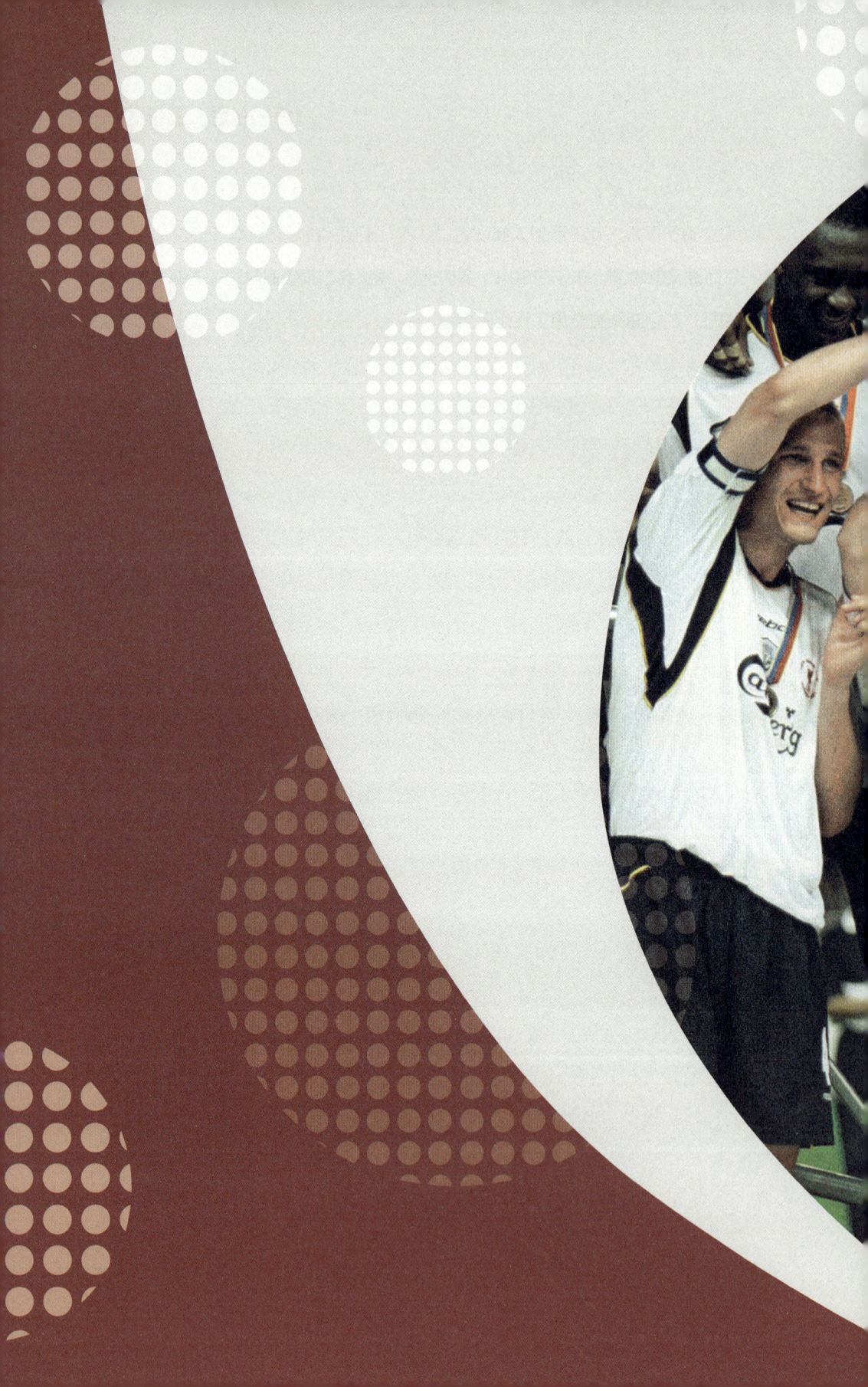

第五章

十年，从晦暗到曙光

用了十年时间，利物浦队的拥趸从晦暗中走过，似乎看见了胜利的曙光。

01

英超变局

尽管利物浦队的顶级联赛冠军数领先曼联队10个,但是冥冥之中,两队的天平开始发生倾斜了。

01 英超变局

格雷姆·索内斯虽然不是"靴室"成员,但和达格利什一样是利物浦队的名宿,所以也算是延续了利物浦队聘请教练的光荣传统。1991年夏天,他将彼得·比尔兹利等功勋球员清洗出队,引进了迪恩·桑德斯、马克·赖特等新援,还从青年队提拔了史蒂夫·麦克马纳曼和杰米·雷德克纳普两员小将。

史蒂夫·麦克马纳曼当时只有19岁,他是利物浦当地人,小时候是埃弗顿队的球迷,但最终选择参加利物浦队的青训。1990年12月15日,他上演了在利物浦队的首秀,当时的主帅还是达格利什,而在索内斯帐下,麦克马纳曼真正成长为球队的主力。

杰米·雷德克纳普当时更是只有18岁,他小时候是热刺队的球迷,后来跟着他的父亲、英格兰著名教练哈里·雷德克纳普在伯恩茅斯队崭露头角,直到被达格利什相中引进,最终在索内斯手下上演在利物浦队的首秀。

在回到利物浦队之前,索内斯已经率领格拉斯哥流浪者队3次夺得苏格兰足球超级联赛冠军,4次问鼎苏格兰联赛杯。但是如今的"红军"正值新老交替的过渡阶段,他本人也接受了心脏搭桥手术,健康状态让人担心,所以在1991—1992赛季,利物浦队只获得了英甲第六名。

不过在足总杯赛场,"红军"的表现还是相当出色的,加上球队签运不错,没有碰到太强的对手,最终在决赛中2比0击败桑德兰队,捧起球队历史上的第五座足总杯冠军奖杯。值得一提的是,医生建议患有心脏病的索内斯不要去这场决赛的现场,但他还是去了。

第五章 十年，从晦暗到曙光

01 英超变局

更重要的是，利物浦队的欧洲赛事禁令终于被解除了，球队得以重返欧洲赛场，虽然在欧联止步八强，但至少曾经的欧冠霸主又有机会一展风采了。

1991—1992赛季，是英甲作为英格兰顶级联赛的最后一个赛季。1992年，英超创立，从此以后，英甲就沦为英格兰第二级别联赛（2004年，英格兰足球冠军联赛成立，成为英格兰第二级别足球联赛，英甲则成为英格兰第三级别足球联赛），我们现在称呼1992年之前的英甲时，得换一个称呼——"老英甲"。

利物浦队当然是英超的22个创始会员之一，而且1992年恰恰是球队成立一百周年，那么能不能用英超元年的历史第一冠，来为球队的百年庆典增光添彩呢？

很遗憾，答案是否定的，因为亚历克斯·弗格森带着曼联队崛起了，夺得了1992—1993赛季的英超冠军。利物浦队则获得第六名，42轮联赛足足输了15场，不算禁赛期的话，这是球队自1963年以来第一次无缘欧洲赛事！

尽管利物浦队的顶级联赛冠军数领先曼联队10个，但是冥冥之中，两队的天平开始发生倾斜了。

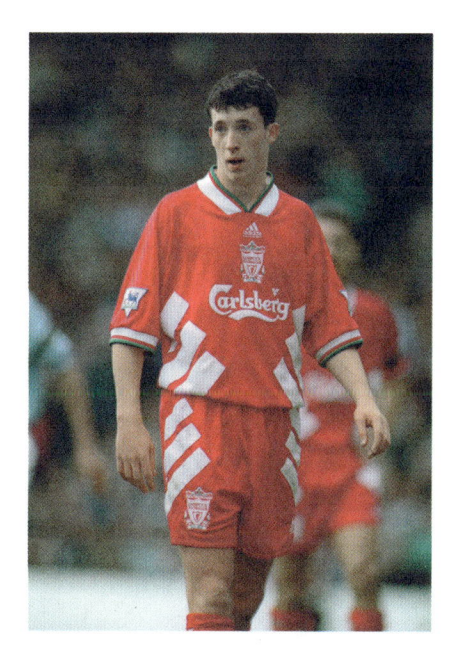

第五章 十年，从晦暗到曙光

1993—1994赛季，索内斯又提拔了另一位天才新星罗比·福勒。福勒，1975年4月9日出生于利物浦，和麦克马纳曼一样，他从小也是埃弗顿队的拥趸，结果被利物浦队的球探相中。1993年9月，福勒上演利物浦一线队首秀，并在一个月后打入首球，从那之后，他在代表利物浦队登场的369场比赛中打入183球，被"KOP"亲切地称为"上帝"！

然而，利物浦队成绩甚至比上赛季还要糟糕，一度跌至积分榜第13位，上半赛季结束时也只是攀升至第9位，已经落后"领头羊"曼联队20分之多！进入1994年，"红军"再遭重创，在1月25日的足总杯重赛中以0比1爆冷输给低级别联赛球队布里斯托尔城队。

三天之后，索内斯引咎辞职。利物浦队主席大卫·摩尔斯表示："我知道这是令人很难接受的一天，三年来索内斯面对了很多困难，让许多年轻球员得到了提升，我们很理解他的工作，并对他的努力表示认可。可是利物浦队的目标是夺取荣誉，这才是球队成为球迷心中骄傲的根本原因，但索内斯只留下了一座足总杯冠军奖杯，在其他领域再无建树。"

02

"辣哥"亮相

虽然利物浦队处于低谷当中,但这支球队遇强则强的传统仍在。

第五章 十年，从晦暗到曙光

索内斯一走，助理教练罗伊·埃文斯就上任了。埃文斯球员时代在利物浦队效力9年，但是出场机会寥寥，26岁的时候就在香克利的劝说下退役，拿起教鞭，是"靴室"成员之一。

其实在乔·费根退休的时候，很多利物浦队球迷就认为埃文斯应该直接接班，但无论如何，现在他的机会终于还是来了。

虽然利物浦队处于低谷当中，但这支球队遇强则强的传统仍在。1994年1月，"双红会"之战在安菲尔德球场打响，曼联队在24分钟内就取得了3比0领先。但是顽强的利物浦队很快就凭借尼格尔·克拉夫的梅开二度，在上半场结束前把比分扳成了2比3。

第79分钟，绰号"剃刀"的尼尔·鲁多克头球破门，将比分扳平，让英超版"伊斯坦布尔奇迹"提前11年上演。

1993—1994赛季，利物浦队最终仅列第八名，这是球队自1962年重返顶级联赛以来的单赛季最低排名。不过埃文斯确实在回归传统，他邀请了许多功勋名宿加入教练组，包括罗尼·莫兰和史蒂夫·海威，而福勒、麦克马纳曼等该队"青训出品"的年轻球员则彻底坐稳主力位置。

尤其是罗比·福勒，他的天赋得到发挥。1994年8月23日，在对阵阿森纳队的比赛中，他仅用4分33秒就上演帽子戏法，成为利物浦队乃至英超历史上上演帽子戏法最快的球员。

这个纪录直到20年后的2014—2015赛季才被打破，破纪录的不是别人，正

02 "辣哥"亮相

是当时还在南安普顿队踢球,后来加盟利物浦队的萨迪奥·马内,他用时2分56秒就完成了帽子戏法。

凭借福勒的出色表现,利物浦队很快就占据1994—1995赛季英超积分榜第二的位置,而"领头羊"是布莱克本流浪者队,这支球队的主教练正是肯尼·达格利什!不过在赛季后半程,"红军"状态起起伏伏,最终还是被布莱克本流浪者队甩开,早早确定无缘冠军,但还要为欧洲赛事资格而战。

最富有戏剧性的是,最后一轮,利物浦队对阵布莱克本流浪者队!前者要的是欧洲赛事门票,后者则领先第二名曼联队2分,如果赢球肯定就能夺冠,不胜的话很可能丢掉几乎到手的冠军。

最终的结果呢?杰米·雷德克纳普的绝杀球让利物浦队2比1取胜,锁定英超第四名。曼联队在另一场比赛中与西汉姆联队战平,也就是说,布莱克本流浪者

第五章 十年，从晦暗到曙光

队尽管输了球，但依然夺得了球队历史上的首个英超冠军。

此外，凭借麦克马纳曼的梅开二度，利物浦队还在联赛杯决赛中2比1战胜博尔顿队。"红军"虽然未能称霸英超，但依然有英格兰赛事的冠军斩获。

"靴室"传统的回归，让"KOP"看到了球队复兴的希望。埃文斯也是信心满满，在1995年夏天以创英格兰足坛纪录的850万英镑引进了诺丁汉森林队的前锋斯坦·科利莫尔。

"红军"生涯首秀，科利莫尔就在1995—1996赛季的英超首轮比赛中打入制胜进球，31场14球的英超数据也算对得起身价，而福勒更是打入28球，让人叹为观止。再加上麦克马纳曼的6球以及老将伊恩·拉什的5球，利物浦队踢得很漂亮，进攻火力相当猛烈。

无奈的是，利物浦队遇到了如日中天的曼联队，最终还是以11分之差不敌对手，获得英超第三名。

02 "辣哥"亮相

而在1996年足总杯的决赛上,"双红会"再次上演。利物浦队的门将大卫·詹姆斯是著名奢侈品品牌阿玛尼的代言人,他给球队拉来了阿玛尼的赞助,于是在决赛前,利物浦队球员穿着奶白色西装、戴着红白相间的领带登场,非常英俊帅气。

当时"辣妹组合"红遍英国,加上福勒那时候在与"辣妹组合"的爱玛·伯顿约会,于是媒体就称利物浦队球员为"辣哥"(Spice Boys)。然而那场比赛,利物浦队被埃里克·坎通纳打入绝杀球,最终0比1倒在了温布利球场。

03

"靴室"传奇终结

随着罗伊·埃文斯的离开,辉煌而伟大的"靴室"传奇算是正式画上句号。

03 "靴室"传奇终结

1996—1997赛季,利物浦队继续"四大皆空",不过有两件非常重要的事情不得不提。

第一件事,与罗比·福勒有关。福勒依然是队内的头号射手,32场英超比赛打入18球,各项赛事轰进31球。但他因为肘击对手,英超最后三轮被迫停赛,导致利物浦队功亏一篑,以7分劣势不敌曼联队。值得一提的是,赛季结束时,共有三支球队同积68分,这是英超历史上极其罕见的一幕,"红军"因为净胜球的劣势排名第四。

有意思的是,福勒竟然获得了欧足联颁发的公平竞赛奖!为何一个肘击对手的球员会荣获这一奖项?

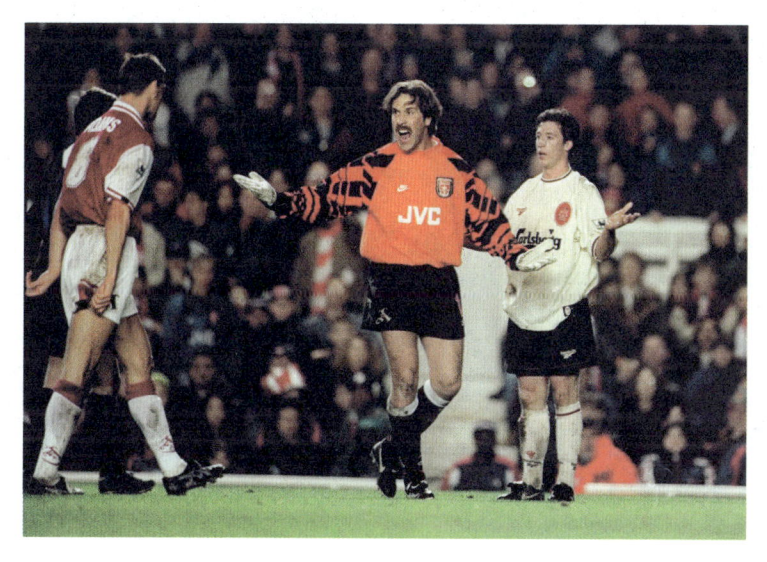

第五章 十年，从晦暗到曙光

原来在利物浦队客场挑战阿森纳队的比赛中，福勒接队友后场长传之后形成单刀球，他在试图带球盘过对方门将大卫·希曼时倒地。当值主裁判随即吹响哨子，判大卫·希曼犯规，给了利物浦队一个点球。

但是，福勒起身之后就拼命冲着裁判摇手指，示意这不是点球，希曼根本就没有碰到自己，不过裁判声称自己没有收到福勒的上诉，坚持原判。

福勒亲自主罚点球。在罚球之前，他走过去跟希曼说了几句，然后故意踢出了一记软弱无力的推射。可是，希曼也许是因为太过紧张，扑球时竟然出现脱手，利物浦队球员杰森·麦卡蒂尔"不解风情"地冲上去补射破门，将比分扩大为2比0。

第二件事，就是"金童"迈克尔·欧文的横空出世。

1979年12月14日，迈克尔·欧文出生于英格兰的切斯特，8岁时在学校联赛

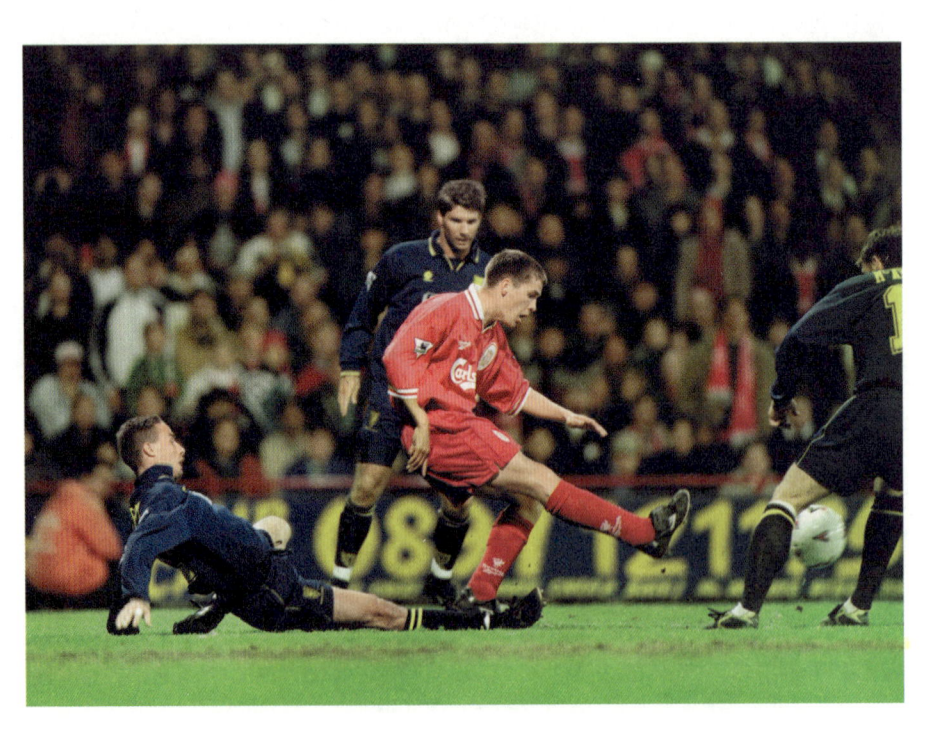

03 "靴室"传奇终结

的第一个赛季就打入92球，后来在郡外联赛的第一个赛季又攻入98球，打破了伊恩·拉什保持的纪录。

15岁生日那天，欧文与利物浦队正式签约。1996年，他就在青年足总杯5场比赛中攻进惊人的11球。1997年5月6日，在利物浦队对阵温布尔登队的英超比赛中，欧文上演"红军"一线队首秀并打入首球，成为球队历史上最年轻的登场球员和最年轻的进球者。

1997年，科利莫尔因为场外绯闻缠身，还在训练室里大骂主教练，并且拒绝出场，最终被利物浦队扫地出门。于是1997—1998赛季就成了欧文闪耀的时刻。

未满18岁的"金童"在1997年11月18日的联赛杯中上演正式比赛的第一个帽子戏法，1998年2月14日再次上演帽子戏法，36轮联赛比赛一共斩获18球，与迪昂·达布林和克里斯托夫·萨顿并列成为赛季最佳射手，也是英超历史上最年轻的金靴奖得主。

1997—1998赛季，效力利物浦队达十年之久的约翰·巴恩斯离开了，曾经的曼联队球星保罗·因斯从国际米兰队加盟，而且直接成为利物浦队的队长。德国前锋卡尔-海因茨·里德尔也从多特蒙德队前来驰援。

不过，利物浦队依旧只能眼睁睁地看着阿森纳队和曼联队争霸，虽然自己的排名比上赛季提升了一位，但也只是季军，各项赛事中依旧无冠。罗伊·埃文斯无可奈何地说道："一切都在原地踏步，没有任何改变，我虽然是负责人，但是不能代替球员上场比赛啊。"

球队主席大卫·摩尔斯不想背上解雇功臣的骂名，但也认为埃文斯很难提高球队的上限了，于是请来了曾经执教过法国队的吉拉德·霍利尔，让他和埃文斯共同担任利物浦队的主教练，从而形成了诡异的"双主帅制"。

然而，埃文斯并不喜欢这种形式，更何况一山难容二虎，这么做反倒会影响

第五章 十年，从晦暗到曙光

利物浦队的发挥。于是在1998年11月，罗伊·埃文斯宣布辞职，而且决定彻底离开利物浦队。

与香克利、佩斯利、费根、达格利什相比，埃文斯的执教才能确实逊色许多，但他对利物浦队的忠诚不容置疑，而且他特别擅长培养年轻球员，这一点也是继承了"靴室"的光荣传统。

随着罗伊·埃文斯的离开，辉煌而伟大的"靴室"传奇算是正式画上句号。此后的历任利物浦队主帅，除了回归执教一年多的达格利什，与"靴室"再也没有任何关联了。

04

杯赛三冠，史无前例

在英格兰足球历史上，此前从来没有任何一支球队成为杯赛"三冠王"，哪怕是1998—1999赛季的曼联队，在联赛杯也没能夺冠。

第五章 十年，从晦暗到曙光

埃文斯离开之后，霍利尔独掌话语权，说一不二。"红军"管理层对他非常支持，毕竟法国人阿尔赛纳·温格已经在英超取得了成功，而同为法国人的霍利尔也雷厉风行地进行着改革。

在率队获得了1998—1999赛季的英超第七名之后，霍利尔一方面严明军纪，制定了严格的纪律规范，包括禁酒令，另一方面对球队阵容进行大换血。

麦克马纳曼去了皇马队，当然这不是霍利尔推动的，而是"博斯曼法案"让皇马队捡了漏。大卫·詹姆斯转会至阿斯顿维拉队，保罗·因斯则去了米德尔斯堡队。

芬兰人萨米·海皮亚和瑞士人斯蒂芬·亨克兹来了，组成了利物浦队新的中卫组合。德国国脚迪特马尔·哈曼和捷克边锋弗拉基米尔·斯米切尔也来了，还有英格兰高中锋埃米尔·赫斯基。

当然，利物浦队与刚刚获得"三冠王"的曼联队还有差距，不过"红军"绝对是欧冠资格的有力争夺者，可惜赛季最后5轮突然崩盘，竟然2平3负，最终遗憾地以2分之差获得1999—2000赛季英超第四名，按照当时的规则，只能去参加欧联。

不过，霍利尔依然非常高兴，他表示："我的重建计划进度提前了很多。"而带给他信心的除了欧文和福勒，还有另外几位让人惊艳的年轻球员。

比如史蒂文·杰拉德。1980年5月30日出生的杰拉德，9岁时就加入了利物浦队的青训营，后来试训过多支球队，包括曼联队，但15岁的时候再次投入利物浦队的怀抱，并从此留了下来。

04 杯赛三冠，史无前例

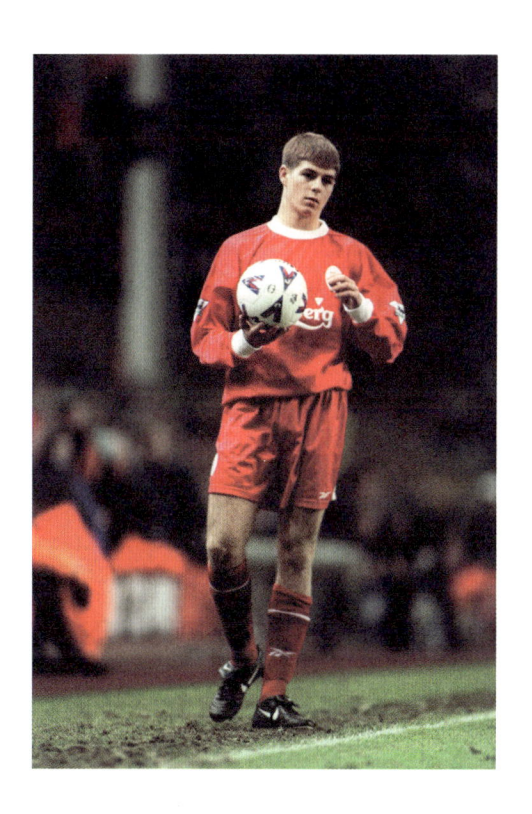

1998年11月，在利物浦队对阵布莱克本流浪者队的英超比赛中，杰拉德首次代表利物浦一线队出场。在1999—2000赛季，19岁的他已经在各项赛事中为"红军"出场31次。

再比如杰米·卡拉格。他比杰拉德还要大两岁，生于1978年1月28日，小时候竟然是埃弗顿队球迷，后来进入利物浦队青训营，1996年和欧文一起夺得青年足总杯冠军。卡拉格1998年1月上演英超首秀，在1999—2000赛季各项赛事中出战40场，是全队最多！

信心十足的霍利尔，在2000年夏天继续招兵买马，先后引进了德国国脚巴马库斯·巴贝尔和克里斯蒂安·齐格，英格兰边锋尼克·巴姆比，苏格兰队队长加

第五章 十年，从晦暗到曙光

里·麦卡利斯特等多名大将，冬季转会窗口又签下了"芬兰冰刀"亚里·利特马宁、克罗地亚中场伊戈尔·比斯坎，球队实力得到进一步提升。

2000—2001赛季，兵强马壮的利物浦队开启多线作战的模式。不过在英超里，"红军"再一次让"KOP"失望了，竟然只排名第四！但是，两场胜利证明了霍利尔的球队还是相当强悍的。

一场是2000年12月17日，利物浦队做客老特拉福德球场，凭借丹尼·墨菲的任意球破门，"红军"以1比0的比分力克曼联队，"红魔克星"丹尼·墨菲的传奇故事也从此开始。

另一场则是12月23日，利物浦队在安菲尔德球场以4比0横扫阿森纳队，杰拉德、欧文、巴姆比和福勒各入一球。

正所谓"祸兮福之所倚"，联赛里的失利让利物浦队可以将精力更好地集中于杯赛，而"红军"需要做的，就是一个一个地收割所有杯赛冠军！

先是联赛杯。利物浦队凭借福勒的绝杀球加时淘汰切尔西队，接着福勒又上演帽子戏法，8比0横扫斯托克城队。半决赛两场较量，"红军"虽然首回合以1比2不敌水晶宫队，但次回合回到安菲尔德球场，以一场5比0的大胜轻松完成逆转。

与伯明翰城队的决赛，"上帝"福勒在第30分钟率先破门，可是第90分钟斯蒂芬·亨科兹踢倒马丁·奥康纳，裁判判罚点球，达伦·珀斯主罚命中，利物浦队遭绝平！

经过30分钟的加时赛，两队依然难分胜负，只能进入残酷的点球大战。结果麦卡利斯特、巴姆比、齐格、福勒和卡拉格先后命中，对手阵中安迪·约翰逊罚丢点球，利物浦队一举夺魁，收获赛季首冠！

再看足总杯。利物浦队以五连胜晋级决赛，包括4比2淘汰曼城队。5月12日，温布利球场，"红军"的对手是阿森纳队。弗雷德里克·永贝里在第72分钟打

04 杯赛三冠，史无前例

破僵局，使阿森纳队取得领先。不过在第83分钟，替补登场的麦卡利斯特任意球传中，欧文抓住机会将比分扳平！

仅仅5分钟之后，欧文带球长驱直入，接连过掉对方的防守球员，面对大卫·希曼用左脚打入绝杀球！最终，利物浦队上演2比1的逆转好戏，球队不仅历史上第六次捧起足总杯冠军奖杯，而且成为国内杯赛的"双冠王"。

最后，便是欧联了。利物浦队在第一轮淘汰了罗马尼亚的布加勒斯特快速队，第二轮"双杀"捷克的利贝雷茨队，第三轮击败了希腊的奥林匹亚科斯队。

1/8决赛，"红军"遇到了拥有加夫列尔·巴蒂斯图塔、弗朗切斯科·托蒂、马科·德尔维奇奥、达米亚诺·托马西等世界级球星的罗马队。首回合球队做客罗马奥林匹克体育场，又是欧文挺身而出，上演梅开二度。

次回合坐镇安菲尔德球场，利物浦队0比1告负，不过总比分2比1，足以淘汰对手，晋级八强。紧接着，霍利尔的球队又淘汰了葡萄牙的波尔图队，与西班牙

第五章 十年，从晦暗到曙光

豪门巴萨队在半决赛相遇。

当时的巴萨队，拥有里瓦尔多、帕特里克·克鲁伊维特等球星。首回合的诺坎普球场之战，两队0比0互交白卷。次回合回到安菲尔德球场，麦卡利斯特成了利物浦队的英雄，他顶住压力，点球破门，取得全场比赛的唯一进球！

2001年5月16日，也就是足总杯夺冠的4天之后，利物浦队与西班牙的阿拉维斯队会师欧联决赛。

"红军"的开局非常棒，开场仅4分钟，麦卡利斯特任意球传中，巴贝尔头球建功！第16分钟，杰拉德接欧文助攻再下一城，将比分扩大为2比0！

0比2落后，阿拉维斯队孤注一掷，在上半场就换上了前锋伊万·阿隆索，结果他很快就扳回一球。不过第41分钟，欧文禁区内被放倒，利物浦队获得点球，麦卡利斯特主罚命中，比分被改写为3比1！

看上去，大局似乎已定，然而下半场突起波澜。哈维·莫雷诺6分钟内梅开二度，竟然将比分扳成了3比3平！

关键时刻，阿拉维斯队竟然换下了哈维·莫雷诺，霍利尔则用福勒换下了赫斯基，结果福勒登场后8分钟就打入一球，利物浦队再次领先！但是这还没完，第89分钟，"球圣"约翰·克鲁伊夫的儿子约尔迪·克鲁伊夫打入绝平球，4比4！一场进球大战后，双方不得不进入加时赛。

当时的加时赛，使用的是"突然死亡法"，也就是金球制。阿拉维斯队实在顶不住利物浦队的进攻，在马尼奥和安东尼奥·卡尔莫纳先后被罚下后，只剩下9名球员。而卡尔莫纳在第115分钟的犯规，还送了利物浦队一个任意球。

麦卡利斯特任意球传中，没人能想到的是，利物浦队球员都没有争到落点，更没人能想到的是，对方后卫德尔菲·格里竟然将球碰入自家网窝，乌龙球！

最终，利物浦队5比4险胜，球队历史上第三次夺得欧联冠军，更一举成为足总杯、联赛杯和欧联的"三冠王"！在英格兰足球历史上，此前从来没有任何一

04 杯赛三冠，史无前例

支球队成为杯赛"三冠王"，哪怕是1998—1999赛季的曼联队，在联赛杯也没能夺冠。

05

史无前例"五冠王"

利物浦队的历史上有很多伟大的赛季，2000—2001赛季绝对算得上其中之一。

05 史无前例"五冠王"

单赛季"三冠王",让利物浦队球迷看到了复兴的真正希望,霍利尔也想要乘胜追击,去冲击英超冠军。于是在2001年夏天,霍利尔引进了挪威左后卫约翰·里瑟、捷克前锋米兰·巴罗什、波兰门将耶日·杜德克,而在那年12月,他更是从巴黎圣日耳曼队租借了法国老乡尼古拉·阿内尔卡。

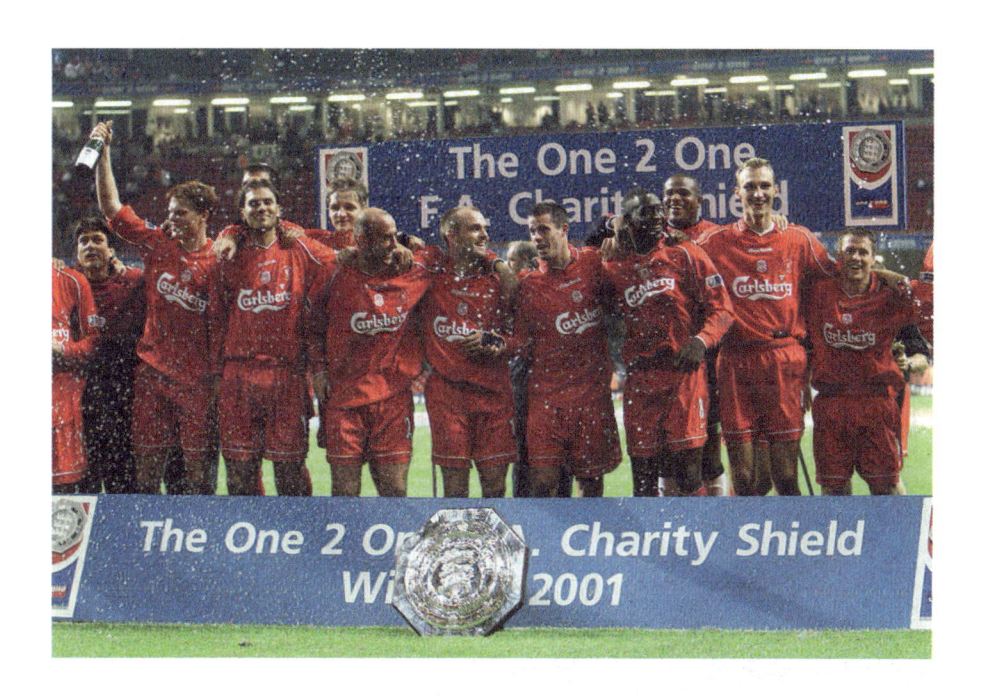

2001年8月12日,新赛季的第一场正式比赛,利物浦队就在慈善盾杯迎战曼联队。比赛没有悬念,麦卡利斯特开场第2分钟就点球破门,欧文第16分钟利用

第五章 十年，从晦暗到曙光

对方失误扩大比分。虽然鲁德·范尼斯特鲁伊为曼联队扳回一球，但"红军"还是以2比1的比分赢下"双红会"，2001年的第四冠到手！

12天之后是欧洲超级杯，利物浦队的对手是上赛季的欧冠冠军拜仁队。对方阵中有奥利弗·卡恩、罗伯特·科瓦奇、威利·萨尼奥尔、欧文·哈格里夫斯、哈桑·萨利哈米季奇、比森特·利扎拉祖、吉奥瓦尼·埃尔伯、克劳迪奥·皮萨罗等名将，但是"红军"丝毫不怵。

第23分钟，欧文高速前插之后送出一记精彩的传中球，中路包抄到位的里瑟抢点破门，1比0！第45分钟，赫斯基强行突入禁区后一脚射门洞穿了卡恩的"十指关"，将比分改写为2比0！

而下半场刚开球，杰拉德就在后场送出一记漂亮的长传球，欧文接球后杀入禁区，冷静破门，两人之间的配合简练到极致、天衣无缝，利物浦队已经以3球领先！

05 史无前例"五冠王"

虽然拜仁队随后扳回两球,但"红军"还是坚持到了最后,最终以3比2的比分击败对手,自1997年之后再次问鼎欧洲超级杯,更拿到2001年的第五座冠军奖杯,成为单一自然年的"五冠王"!

利物浦队的历史上有很多伟大的赛季,2000—2001赛季绝对算得上其中之一。虽然球队英超排名第三,依然无缘冠军,但杯赛"五冠王"的成就放在整个英格兰足球百余年历史中,也是前无古人,后难有来者的。

更重要的是,既然该拿的杯赛冠军都已经拿完了,那么第1个英超冠军、第19个顶级联赛冠军还会远吗?用了十年时间,利物浦队的拥趸从晦暗中走过,似乎看见了胜利的曙光。

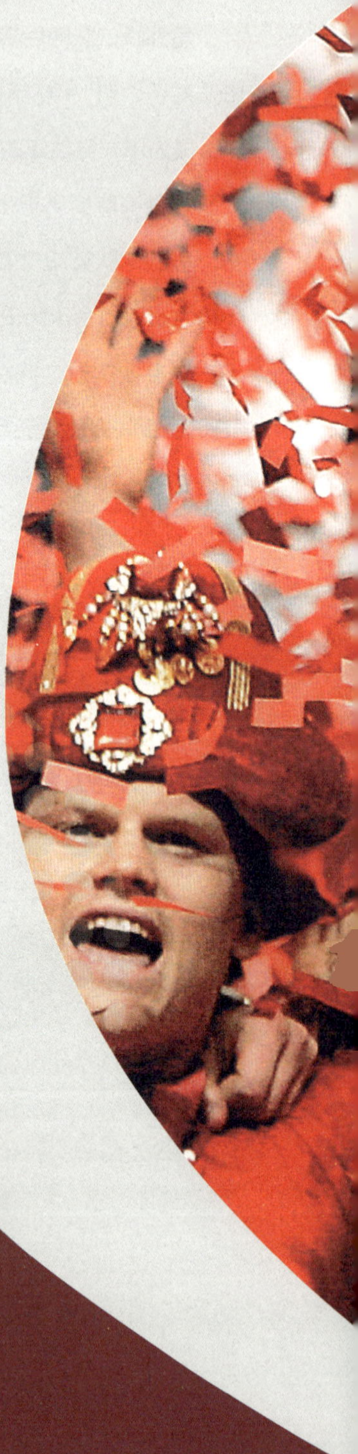

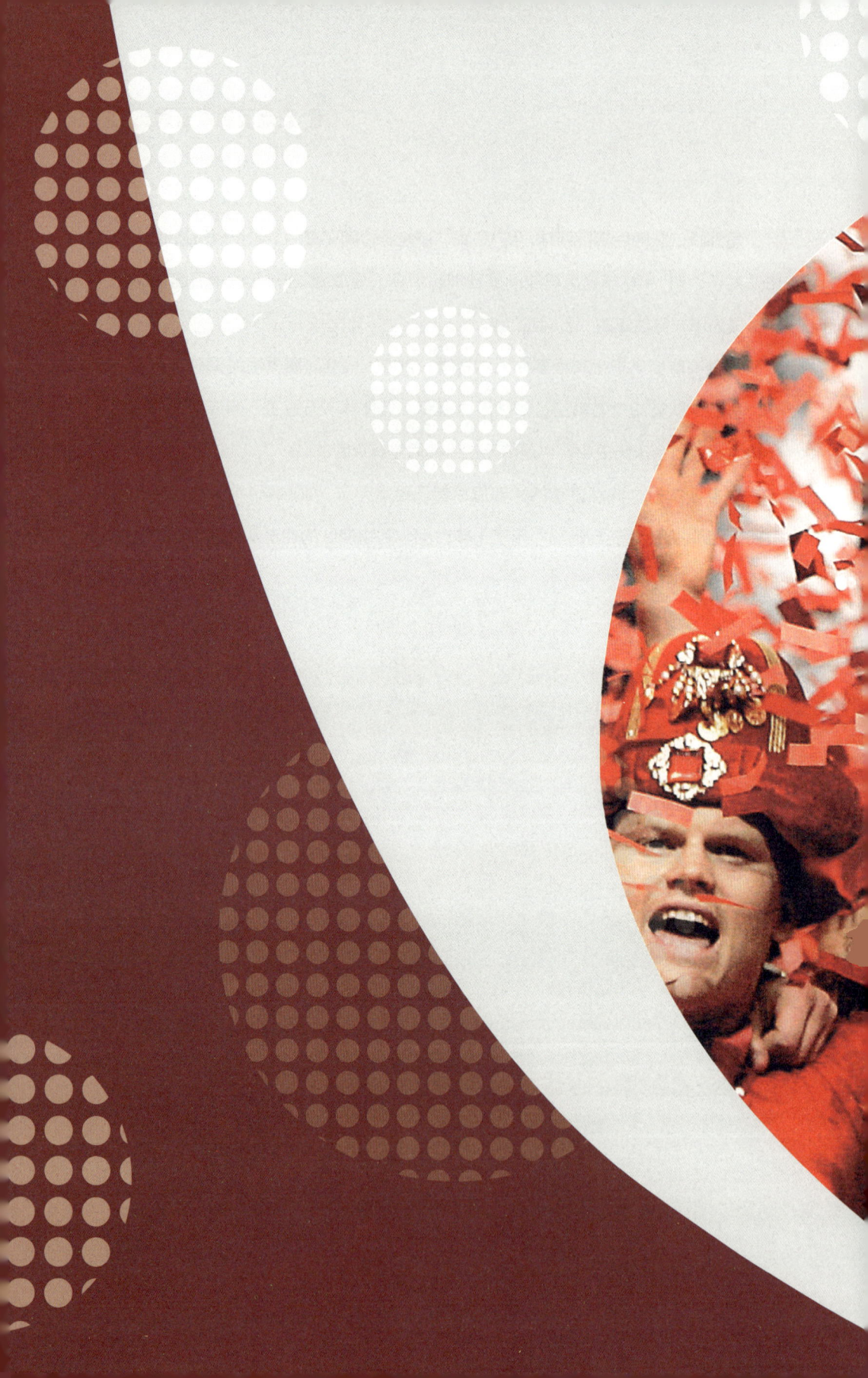

第九章
伊斯坦布尔奇迹

这是自1985年之后,利物浦队第一次进入欧冠决赛。20年前的经历无疑是黑暗的:海瑟尔惨案发生,不敌尤文队丢掉冠军。如今20年过去了,包括贝尼特斯在内的所有人都知道,只有一座冠军奖杯,才能抚慰伤痛。

01

"上帝"离开安菲尔德

然而还没等霍利尔回来,罗比·福勒就离开了。

01 "上帝"离开安菲尔德

正当"KOP"满怀期待地盼望着霍利尔为球队带来英超冠军奖杯时,他突然倒下了。

2001年10月,在利物浦队对阵利兹联队的比赛中场休息时,霍利尔因为感到胸痛而被送往医院进行急救。经过医生的一系列诊断后,他被确诊为患有急性主动脉剥离,可以将其简单理解为一种心血管疾病。如果不进行手术治疗的话,霍利尔的病会进一步恶化,有可能导致大量的内出血,甚至有可能会让生命受到威胁。

不过,霍利尔还是比较幸运的。一方面,他是在中场休息时发病的,那时安菲尔德球场附近还没有堵车,所以他可以在最短时间内前往医院。另一方面,当时英格兰只有三家心血管疾病专科医院,其中一家就在距离安菲尔德球场不远处。更幸运的是,他的主刀医生原本计划在那个周末外出度假,后来因故取消。

然后,一场长达10个小时的手术开始了,主刀医生、护士与病魔展开殊死搏斗,最终手术非常成功,霍利尔的身体逐渐开始好转,只不过短期之内他肯定无法回到训练和比赛当中,无法亲自指挥球队了。

时任利物浦队首席执行官的里克·帕里表示:"此时此刻,霍利尔何时能够回归球队已经是我们球队上下最关心的问题。这一切的发生,让我们对足球有了新的、更全面的认识。"而在霍利尔养病期间,管理球队的工作交给了助理教练菲尔·汤普森。

菲尔·汤普森球员时代曾在利物浦队效力达13年之久,当过球队的队长,这

第六章 伊斯坦布尔奇迹

一任命算是短暂回归了"靴室"传统。在对阵曼联队的"双红会"中，利物浦队拥趸于安菲尔德球场的看台上打出由蓝、白、红三色构成的法国国旗，以祝福霍利尔早日康复，这一幕非常感人。球队也很给力，以3比1的比分击败死敌。

然而还没等霍利尔回来，罗比·福勒就离开了。福勒因为在赛季前与菲尔·汤普森发生冲突，在慈善盾杯的比赛中被主教练弃用。虽然在对阵曼城队一战中上演帽子戏法，但下一场比赛他又被主教练"束之高阁"。

其实随着欧文和赫斯基的崛起，福勒失去主力位置只是时间问题，而且他与利物浦队的合同快要到期了，球队不希望重蹈免费放走麦克马纳曼的覆辙。2001年12月，福勒离开了心爱的"红军"，以1200万英镑的转会费加盟利兹联队。

在福勒看来，霍利尔是自己离开利物浦队的"罪魁祸首"，是霍利尔向当地媒体《利物浦回声报》施加影响力，导致舆论变得对自己非常不利，进而导致自己被赶走。

01 "上帝"离开安菲尔德

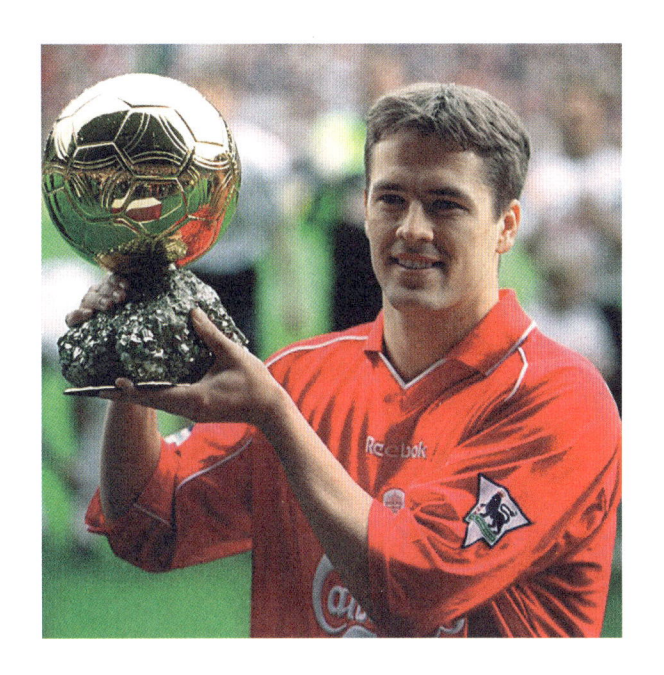

不过欧文当时确实已经取代了福勒的位置,无论是在场上还是场下。2001年,欧文获得了金球奖,成为继1979年的凯文·基冈之后又一位获此殊荣的利物浦队球员。2001—2002赛季,欧文状态依然非常出色,在联赛里打入19球,各项赛事共有28球入账。

2002年3月,在休养5个月之后,霍利尔终于回来了,利物浦队也向英超冠军发起了最后的冲刺。当时,"红军"在还剩5轮的情况下排名英超积分榜榜首,不过身后的阿森纳队少赛了2场。

可惜的是,4月份做客伦敦以0比1输给热刺队,对"红军"来说是致命的打击,最终利物浦队以7分之差不敌一路连胜到底的阿森纳队,屈居亚军,但这已经是英超创立以来"红军"的单赛季最佳排名了!

这个赛季,还是利物浦队第一次参加改制之后的欧冠,球队上一次参加欧冠还是在1984—1985赛季。"红军"连续闯过两个阶段的小组赛,但是在1/4决赛负于勒沃库森队,止步八强。

02

心力交瘁，霍利尔卸任

是霍利尔让利物浦队在足球版图上重新找到位置，是他让利物浦队再度取得成功，是他让人们意识到利物浦队已经回归，是他让这座城市再次振作起来。

02 心力交瘁，霍利尔卸任

2002年世界杯，塞内加尔队成了黑马，于是霍利尔引进了队中两名大放异彩的球员——埃尔·哈吉·迪乌夫和萨利夫·迪奥。不过麦卡利斯特和利特马宁都离开了。

2002—2003赛季，利物浦队开局就遭到打击，在社区盾杯（2002年慈善盾杯更名为"社区盾杯"）上以0比1不敌上赛季的联赛争冠对手阿森纳队。而在英超里，从2002年11月9日到2003年1月11日，"红军"竟然连续11轮不胜！

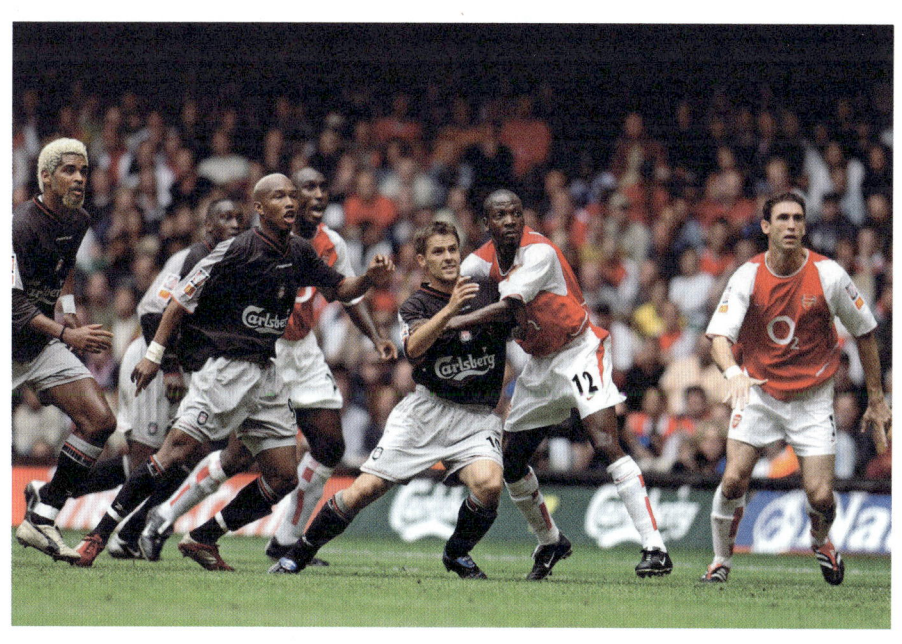

第六章 伊斯坦布尔奇迹

这显然不是一支争冠球队该有的表现和水准,最终,利物浦队滑落至英超积分榜第五名,没有拿到下赛季的欧冠资格。而在欧冠赛场上,"红军"小组赛即出局,只能去参加欧联,结果八强战又被苏格兰的凯尔特人队淘汰。

这个赛季的唯一收获,出现在联赛杯。利物浦队一路过关斩将,与曼联队会师决赛。杰拉德和欧文双星闪耀,最终以2比0赢下"双红会",而这已经是霍利尔为"红军"夺得的第六座冠军奖杯了!

遗憾的是,这也是最后一座。

接下来的2003—2004赛季,霍利尔又签下了澳大利亚边锋哈里·科威尔、爱尔兰球员史蒂夫·芬南、法国球员弗洛伦特·辛纳玛·庞格勒等人。但是阿森纳队迎来了一个无比辉煌的不败赛季,切尔西队刚刚被罗曼·阿布拉莫维奇收购,成绩蒸蒸日上,所以利物浦队早早就退出了冠军争夺之战,能够跻身前四、

02 心力交瘁，霍利尔卸任

重获欧冠资格，已经算是运气不错了。

此时的霍利尔，已经快57岁了，深感力不从心、心力交瘁，于是在2004年5月24日宣布辞职。

很多利物浦队球迷都曾设想过：如果没有患上心脏病，霍利尔能否带领球队取得更辉煌的成绩？率队赢得欧冠和英超冠军的是不是就是他，而不是后来的拉斐尔·贝尼特斯和尤尔根·克洛普了？

但是六座冠军奖杯，已经足以说明霍利尔的伟大。德国国脚、"红军"名宿哈曼评价道："是霍利尔让利物浦队在足球版图上重新找到位置，是他让利物浦队再度取得成功，是他让人们意识到利物浦队已经回归，是他让这座城市再次振作起来。"

克洛普后来也说过："是霍利尔重建了梅尔伍德训练基地，是他让球队变得现代化，他为利物浦队付出了一切，并在最困难的时刻改变了球队的命运，他永远都不会被遗忘。"

霍利尔自己则说道："我们赢得了冠军奖杯，我也为球队留下了遗产，这一点没人可以否认。我们签下了许多年轻的、可以成为基石的球员，比如说海皮亚、哈曼……我们改变了安菲尔德球场，我们改造了梅尔伍德训练基地，我们把利物浦队带进了21世纪。"

休息了一年后，霍利尔开始执教法国的里昂队，但仅两个赛季之后，便带着两座联赛冠军奖杯离职。2010年9月，他再度出山，执教英超的阿斯顿维拉队，不过在2011年4月因心脏病复发再度入院，两个月后辞去了主教练职务。2020年12月14日，霍利尔因病在巴黎去世，享年73岁。

03

贝尼特斯到来

不过很快,利物浦队球迷就舒坦了,因为贝尼特斯的球队在欧冠赛场上披荆斩棘,进入了决赛!

03 贝尼特斯到来

2004年夏天，利物浦队发生巨变。迈克尔·欧文走了，以1200万欧元的转会费加盟了皇马队。贝尼特斯来了，这位西班牙教头刚刚带领瓦伦西亚队夺得了第二个西班牙足球甲级联赛冠军。

其实史蒂文·杰拉德也差点儿就走了。切尔西队的新任主帅若泽·穆里尼奥非常欣赏他，想要让他和弗兰克·兰帕德、克劳德·马克莱莱一起组成强大的中场组合。但是贝尼特斯成功说服杰拉德留下，并将他的位置往前提，以其为利物浦队的进攻核心。

第六章 伊斯坦布尔奇迹

此外，贝尼特斯还从西班牙带来了多名同胞：何塞米、安东尼奥·努涅斯、哈维·阿隆索、路易斯·加西亚等人。尤其是哈维·阿隆索的加盟，让利物浦队拥有了中场"节拍器"，也让杰拉德拥有了最好的搭档。

然而，一众新人里唯独没有欧文的替代者。贝尼特斯本人是非常想让欧文留下的，奈何欧文和球队的合同只剩下一年，贝尼特斯也只能放弃。在贝尼特斯到来之前，利物浦队已经引进了法国前锋吉布里尔·西塞，但他的进球能力实在令人难以恭维。无奈之下，贝尼特斯只能在冬季转会窗口又引进了一位西班牙人——皇马队的前锋费尔南多·莫伦特斯。

为了学习英语，贝尼特斯特意买了披头士乐队的红蓝两版专辑，但是论适应英格兰和英超的速度，穆里尼奥显然更胜一筹，而且阿布拉莫维奇砸钱引援的力度也更大，所以切尔西队一骑绝尘，强势问鼎英超。

至于利物浦队的英超排名，则是第五位，竟然还不如埃弗顿队，这是令"KOP"最难以接受的。

而在联赛杯，虽然"红军"进入决赛，并在开场第1分钟就由里瑟用他那标志性的远射破门得分，但是杰拉德在第79分钟送给切尔西队乌龙球大礼，让比赛进入加时。结果迪迪埃·德罗巴和马特亚·凯日曼各进一球，穆里尼奥再次笑到了最后，率队成为"双冠王"。

不过很快，利物浦队球迷就舒坦了，因为贝尼特斯的球队在欧冠赛场上披荆斩棘，进入了决赛！

2004—2005赛季的欧冠，利物浦队从资格赛打起，顺利进入正赛之后，与法国的摩纳哥队、西班牙的拉科鲁尼亚队和希腊的奥林匹亚科斯队分在一个小组。在当时，这绝对算得上"死亡之组"。

小组赛首战，利物浦队在主场以2比0击败上赛季欧冠亚军摩纳哥队，取得开门红，不过随后就历史上第一次输给奥林匹亚科斯队。等到最后一轮再战奥林匹

03 贝尼特斯到来

亚科斯队,"红军"面临的情况是只有净胜两球,才能小组出线!

巴西球星里瓦尔多的任意球破门,让利物浦队陷入了绝境,因为这意味着"红军"需要打入3球才能小组出线。但是绝境之下,贝尼特斯的球队开始上演逆转好戏。

庞格勒下半场替补登场,1分钟后就扳平比分;尼尔·梅勒第80分钟破门得分,将比分反超;第86分钟,杰拉德站了出来,精准远射,3比1!刚刚好,好到利物浦队足以晋级欧冠16强!

接下来的1/8决赛,利物浦队两回合都以3比1取胜,以6比2的总比分大胜勒沃库森队。1/4决赛,利物浦队时隔20年再遇尤文队,海瑟尔惨案的阴影也随之而来。

不过,利物浦队与球迷并没有生活在痛苦和仇恨当中,安菲尔德球场的看台上打出了非常友好的标语。当然,场上的利物浦队球员就不客气了,海皮亚和路易斯·加西亚各入一球,尤文队后卫法比奥·卡纳瓦罗头球破门,扳回一球,但

第六章 伊斯坦布尔奇迹

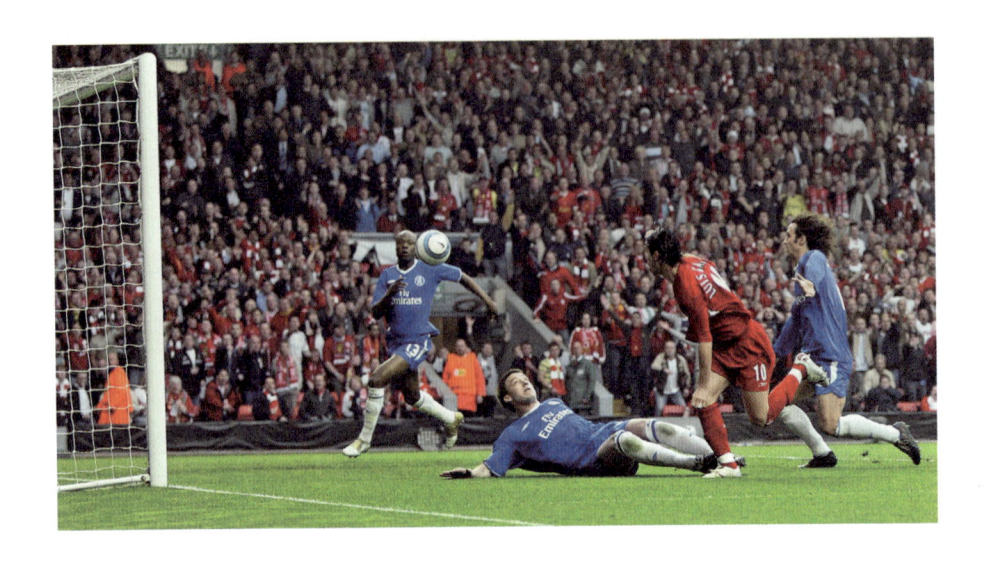

是利物浦队球员众志成城，没有再丢第二球。

次回合在都灵，双方0比0互交白卷，利物浦队最终成功跻身四强。贝尼特斯的保守战术遭到批评，不过杰拉德解释道："我们不是为了0比0而战的，我们有能力打入一球，这是我们的计划，但事实是如果我们保持零封，就能晋级。"

半决赛，利物浦队竟然又遇上了切尔西队，贝尼特斯又遇上了穆里尼奥！

第一场"红蓝大战"在斯坦福桥球场举行，里瑟和巴罗什都错过了进球良机，但德罗巴和兰帕德也没有把握住机会，结果双方以0比0握手言和。

第二场的安菲尔德球场之战，极具争议性的一幕在比赛第4分钟发生了：杰拉德外脚背将球搓传至禁区，巴罗什抢射时与对方门将彼得·切赫撞到一起，路易斯·加西亚跟进补射，球被切尔西队中后卫威廉·加拉斯在门线处解围！

切尔西队球员认为球没有越过门线，但是当值主裁判认为球已过线，判定进球有效！而这也是全场比赛的唯一进球。最终，利物浦队1比0击败切尔西队，穆里尼奥在赛后倒是很大度地说道："最好的球队输了！但利物浦队进入了决赛，我希望利物浦队能赢。今晚属于利物浦队，我不想批评利物浦队。"

04

伟大的逆转

自1984年之后,"红军"时隔21年,终于再次捧起欧冠奖杯,这也是球队历史上第五座欧冠奖杯。

第六章 伊斯坦布尔奇迹

这是自1985年之后,利物浦队第一次进入欧冠决赛。20年前的经历无疑是黑暗的:海瑟尔惨案发生,不敌尤文队丢掉冠军。如今20年过去了,包括贝尼特斯在内的所有人都知道,只有一座冠军奖杯,才能抚慰伤痛。

然而利物浦队的对手是意大利豪门AC米兰队。AC米兰队如日中天,星光熠熠,拥有保罗·马尔蒂尼、卡福、亚历山德罗·内斯塔、雅普·斯塔姆、安德烈亚·皮尔洛、真纳罗·加图索、卡卡、克拉伦斯·西多夫、埃尔南·克雷斯波、安德烈·舍甫琴科等世界级球星,被认为是夺冠的热门球队。

04 伟大的逆转

2005年5月25日，欧冠决赛在土耳其伊斯坦布尔的阿塔图尔克体育场举行。果然，比赛刚一开始，AC米兰队就展现出了超强的实力：卡卡右路突破被吉米·特劳雷放倒，皮尔洛开出任意球，马尔蒂尼接到低平球后右脚半凌空扫射，球弹地之后入网——此时距离开球仅仅过了52秒，打破了欧冠决赛的历史最快进球纪录！

雪上加霜的是，第23分钟，科威尔受伤无法坚持，利物浦队被迫换人。第29分钟，舍甫琴科接卡卡助攻推射破门，所幸越位在先，进球无效，"红军"逃过一劫。

第39分钟，路易斯·加西亚突入禁区，内斯塔封堵时倒地，路易斯·加西亚扣球时碰到了内斯塔的手臂，利物浦队球员要求点球，但主裁判认为这是被动手球，没有中断比赛。AC米兰队随即发动快速反击，卡卡带球奔袭30米，用右脚外脚背将球传给舍甫琴科，舍甫琴科假射真传，克雷斯波推射空门得手，2比0！

第44分钟，杰拉德传球被断，AC米兰队再次发起反击，卡卡转身摆脱防守球员，将球传给克雷斯波，克雷斯波直传洞穿利物浦队的防线，卡拉格回追滑铲却没有碰到球，克雷斯波面对杜德克挑射入网，梅开二度，3比0！

上半场已经有3球之差，悬念似乎提前45分钟就消失了，比赛似乎胜负已定。利物浦队球员垂头丧气地回到更衣室，感到非常沮丧，甚至绝望。但是，贝尼特斯依然非常冷静，果断地进行换人调整：撤下一名后卫，变阵三中卫；哈曼替补登场，和哈维·阿隆索组成双后腰，限制卡卡；杰拉德位置往前提，在巴罗什身后活动，与路易斯·加西亚和斯米切尔一起利用皮尔洛周围的空当。

在重新登场之前，贝尼特斯对球员说道："听着，我们现在不可能有更差的结果了，如果放松下来，我们还可能再讲一球，如果能打进第一球，就有希望打进第二球、第三球。我们必须破釜沉舟，因为我们欠球迷太多了。把你们的头抬起来，因为我们是利物浦队！"

贝尼特斯的"打鸡血"让利物浦队的球员重拾信心，阵形与战术的改变更是起到关键作用。

第六章 伊斯坦布尔奇迹

第54分钟，里瑟得球后将球传入禁区，杰拉德在门前10米处头球吊射，球越过对方门将迪达的头顶坠入远角，1比3，利物浦队扳回一城！

第56分钟，里瑟左路掷入边线球，哈维·阿隆索与哈曼连续横敲，斯米切尔在门前26米处右脚大力低射，斯塔姆身旁的巴罗什收腹将球让过，球钻进球门左下角，2比3！

此时，AC米兰队的士气和信心都遭到重创，于是利物浦队再接再厉。

第60分钟，杰拉德突入禁区被加图索绊倒，点球！哈维·阿隆索的射门被迪达扑出，但他迅速补射入网，3比3！利物浦队竟然神奇地扳平了比分！

随后的30分钟常规时间和30分钟加时赛，两队再无建树，最终进入残酷的点球大战，这也是杜德克和迪达两人的对决。

首轮，塞尔吉尼奥第一个主罚，杜德克在门线上不断弹跳进行干扰，塞尔吉尼奥受到影响，将球踢飞！而哈曼虽然骨折，却仍射入点球。

第二轮，皮尔洛主罚，杜德克再次成功干扰对方，将这位意大利中场的点球

04 伟大的逆转

扑出！而西塞冷静罚入。

第三轮，容·达尔·托马森终于克服了杜德克的干扰，而里瑟的射门被迪达扑出，悬念再起！第四轮，卡卡和斯米切尔也都主罚命中。

最关键的第五轮，曾在2003年欧冠决赛打入制胜点球的舍甫琴科出战，他射向中路，而杜德克虽然已经扑向了球门右边，但还是用左手将球扑出！就这样，利物浦队在点球大战中3比2取胜，夺得冠军！

自1984年之后，"红军"时隔21年，终于再次捧起欧冠奖杯，这也是球队历史上第五座欧冠奖杯。

夺冠的最大功臣是谁？当然是杜德克，他复制了1984年欧冠决赛上格罗贝拉的"意大利面舞"，不过并非自己主动而为，而是卡拉格特意提醒他的。

这场史诗级的决赛，被称为"伊斯坦布尔奇迹"，绝对是欧冠乃至整个世界足坛历史上伟大的逆转之一，当然也是利物浦队历史上最波澜壮阔的比赛！

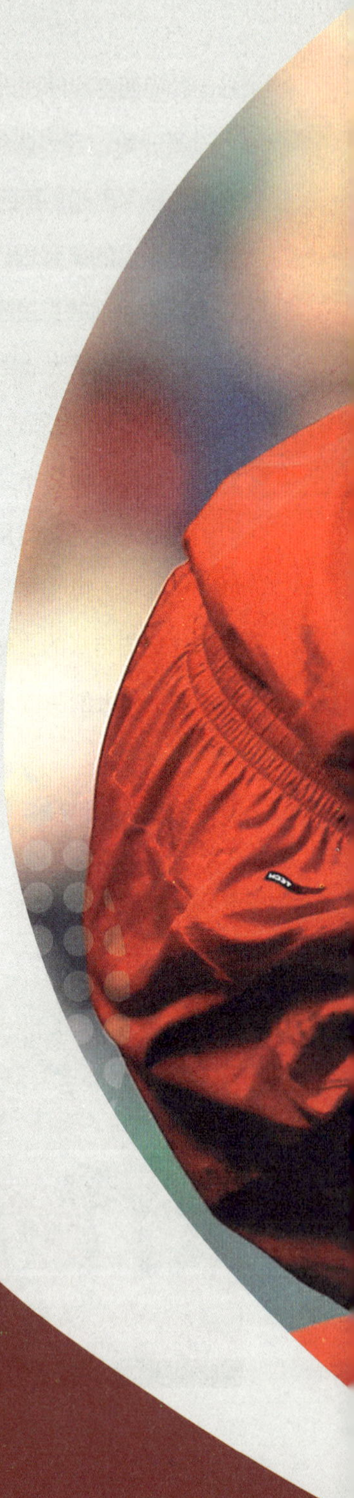

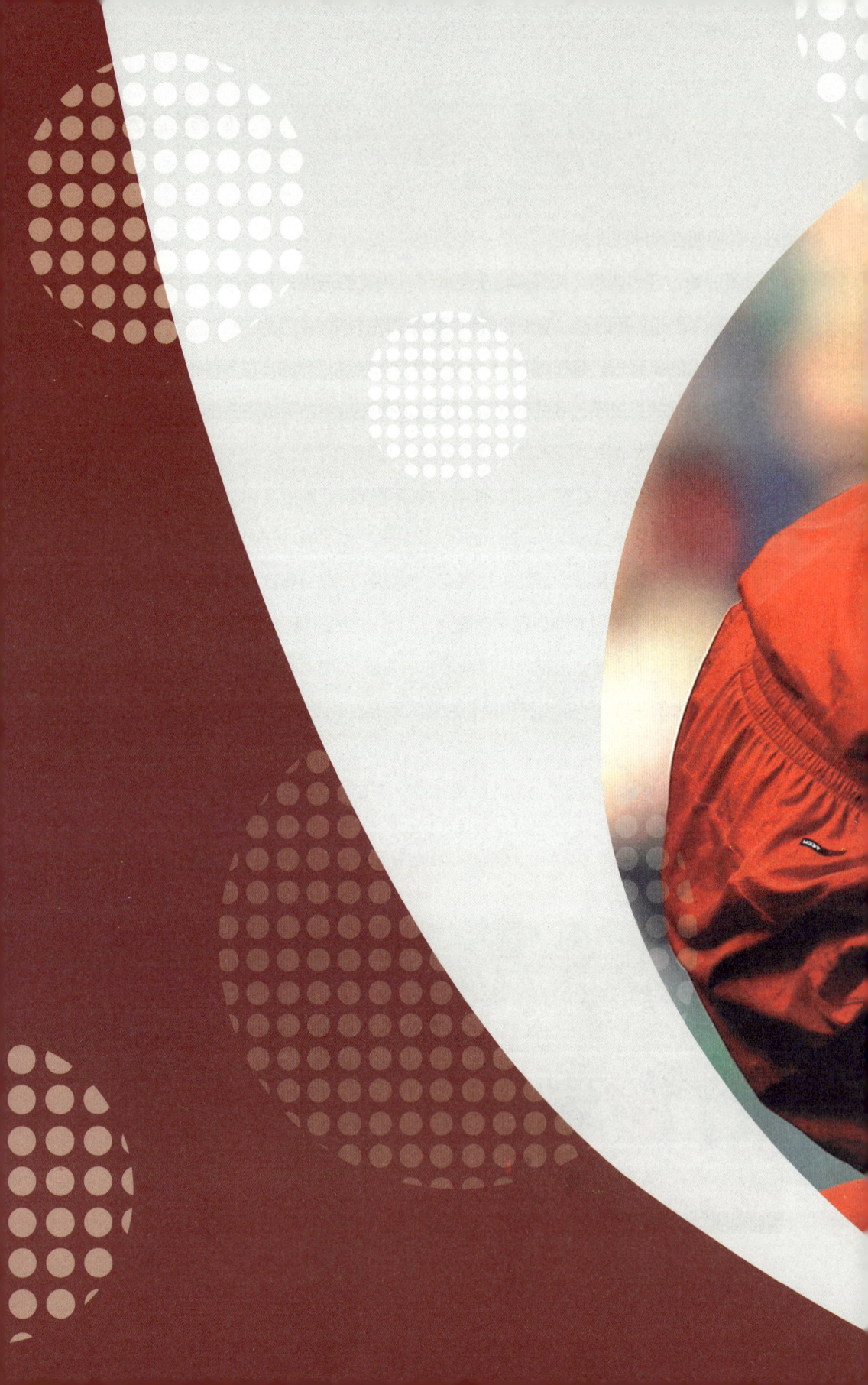

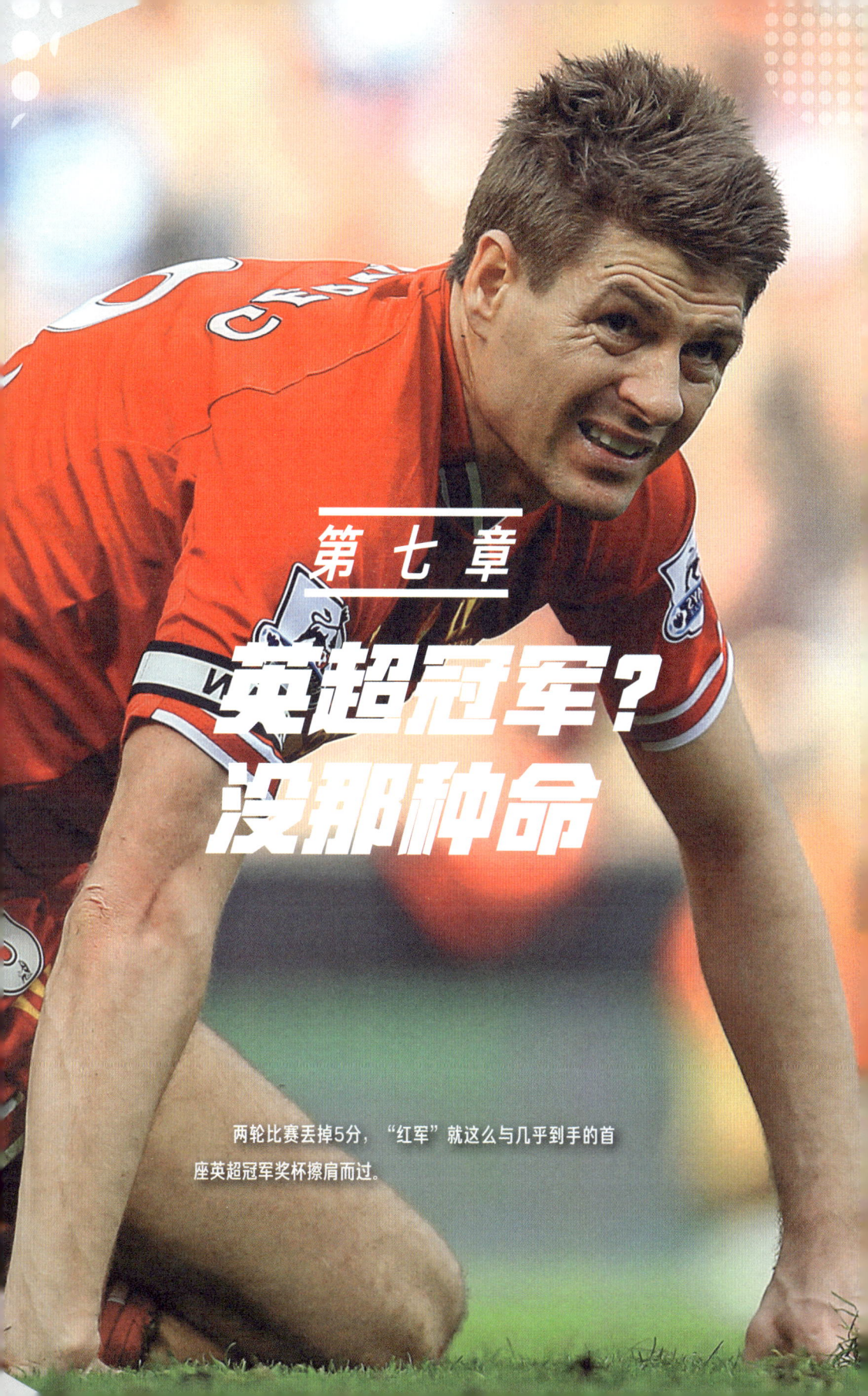

第七章

英超冠军？
没那种命

两轮比赛丢掉5分，"红军"就这么与几乎到手的首座英超冠军奖杯擦肩而过。

01

奇迹未能重演

利物浦队时隔两年再次闯入欧冠决赛,而决赛的对手,竟然还是AC米兰队!

01 奇迹未能重演

"伊斯坦布尔奇迹",让贝尼特斯一战封神,奠定了其"战术大师"的江湖地位,当然也再次点燃了利物浦队球迷对于英超冠军的期待。

贝尼特斯对于2005—2006赛季也是分外期待,为此他接连引进了英格兰"高佬"彼得·克劳奇、西班牙门将佩佩·雷纳、荷兰国脚鲍德温·岑登、马里后腰穆罕默德·西索科等人。2006年冬季转会窗口,丹麦中后卫丹尼尔·阿格加盟,更重要的是,"上帝"福勒也回到了安菲尔德球场!

这个赛季的开局也非常美妙,利物浦队以3比1击败莫斯科中央陆军队,时隔5年再次夺得欧洲超级杯的冠军!可惜的是,在国际足联俱乐部世界杯上,"红

第七章 英超冠军？没那种命

军"在决赛0比1输给了巴西豪门圣保罗队。

令人意想不到的是，利物浦队依然与英超冠军无缘，38轮82分已经不低，但穆里尼奥的切尔西队更胜一筹，以91分成功卫冕。所幸，利物浦队在足总杯决赛的点球大战中击败西汉姆联队，拿下赛季第二冠。

2006年夏天，贝尼特斯再次在转会市场上掀起波澜，在他放走莫伦特斯和哈曼之后，荷兰边锋德克·库伊特、威尔士前锋克雷格·贝拉米、英格兰"飞翼"杰梅因·劳埃德·彭南特、巴西左后卫法比奥·奥雷利奥等人纷至沓来。

然而，利物浦队依然高开低走，虽然在社区盾杯中凭借里瑟和克劳奇的进球以2比1赢了老对手切尔西队，但是在联赛里的表现远不如上赛季——还是第三名，却只拿到68分，比一年前少了14分！

反倒是在欧冠赛场，贝尼特斯的球队重振士气。小组赛，"红军"只输了一

01 奇迹未能重演

场,以小组头名出线。到了2007年2月,美国商人乔治·吉列和汤姆·希克斯完成了对利物浦队的收购,也在现场见证了"红军"在1/8决赛淘汰巴萨队的壮举。

首回合做客诺坎普球场,贝拉米和里瑟先后进球,利物浦队带走一场2比1的胜利。次回合回到安菲尔德球场,利物浦队虽然以0比1告负、总比分被追成2比2,但是凭借客场进球多的优势成功晋级!

接下来,"红军"以4比0的总比分轻松淘汰埃因霍温队,半决赛再战切尔西队,又艰难地赢下了点球大战。利物浦队时隔两年再次闯入欧冠决赛,而决赛的对手,竟然还是AC米兰队!

2007年5月23日,希腊雅典的奥林匹克体育场,AC米兰队带着"复仇"的决心而来,菲利波·因扎吉在第45分钟和第82分钟各打入一球。而这一次,留给利物浦队的时间不多了,虽然库伊特在第89分钟扳回一城,但"伊斯坦布尔奇迹"未能重演,"红军"遗憾地获得亚军。

02

只差一步就夺冠

显然,利物浦队错过了一个非常好的夺冠机会,接下来,迎接这支球队的则是赛场内外的混乱。

02 只差一步就夺冠

欧冠决赛失利之后，贝尼特斯承受了巨大的压力，必须殊死一搏了。2007年夏天，在美国老板的支持下，"贝大师"又签下了卢卡斯·莱瓦、瑞恩·巴贝尔、约西·贝纳永等悍将，但最重要的是，"圣婴"费尔南多·托雷斯从马德里竞技队加盟！

这名西班牙天才射手在2007—2008赛季表现相当出色，连续8场主场比赛破门，一共打进12球，追平罗杰·亨特保持的球队历史纪录；英超攻入24球，各项赛事有33球入账，高居队内射手榜榜首！

第七章 英超冠军？没那种命

等到冬季转会窗口，利物浦队又引进了阿根廷后腰哈维尔·马斯切拉诺和斯洛伐克中卫马丁·斯科特尔，堪称兵强马壮。结果呢？利物浦队虽然进入欧冠半决赛，但不敌切尔西队，未能再次跻身决赛；英超更是跌至第四名，赛季"四大皆空"！

2008年夏天，贝尼特斯继续换血，克劳奇、科威尔、里瑟、芬南走了，罗比·基恩、阿尔伯特·里埃拉来了。而利物浦队表现出人意料地凶猛，联赛开局取得10轮不败！接着，"红军"又终结了切尔西队主场85场不败的纪录，做客老特拉福德球场以4比1重创曼联队。

然而，弗格森的球队正处于鼎盛时期，曼联队上赛季刚刚夺得欧冠冠军，对于英超三连冠更是志在必得，所以利物浦队哪怕38轮拿到86分，创造了英超时代球队的单赛季最高积分纪录，也只能以4分之差屈居亚军，真的是只差一步就夺冠！

显然，利物浦队错过了一个非常好的夺冠机会，接下来，迎接这支球队的则是赛场内外的混乱。2009年夏天，老队长海皮亚走了，主力后腰哈维·阿隆索去

02 只差一步就夺冠

了皇马队。乔治·吉列和汤姆·希克斯贷款收购利物浦队的内幕也被曝光，两个美国老板之间竟然也决裂了，甚至汤姆·希克斯一度需要在安保人员的保护下才能离开安菲尔德球场。

就这样，利物浦队在动荡之中度过了2009—2010赛季，英超仅列第七名，欧冠小组赛出局，没有收获任何冠军。而在执教球队六年之后，贝尼特斯于2010年6月3日正式离任，留下了一个奇迹和四座冠军奖杯。

03

"霍太公"钓鱼,"国王"回归

临危受命,达格利什真的给利物浦队带回了希望——球队战绩回升,一度来到英超第六名,有能力争夺欧冠资格了。

03 "霍太公"钓鱼,"国王"回归

谁来接替贝尼特斯、肩负英超争冠的重任?利物浦队选择了英格兰老帅罗伊·霍奇森。霍奇森有"霍太公"的称号,执教三十多年,走遍世界各地,经验非常丰富,在刚刚过去的赛季里还率领富勒姆队爆冷进入欧联决赛。

但"霍太公"钓鱼,无人愿意上钩。他力主引进的乔·科尔、劳尔·梅雷莱斯等人都表现平平,利物浦队的成绩也依旧糟糕。唯一的好消息是,债台高筑的乔治·吉列和汤姆·希克斯决定卖掉球队,而美国芬威集团的约翰·亨利在2010年10月15日接手,成为利物浦队的新任老板。

短短几个月后,进入新时代的利物浦队就宣布霍奇森下课,那么谁来接替他呢?在球迷的呼声中,"国王"肯尼·达格利什回归了!

第七章 英超冠军？没那种命

达格利什在1991年离开利物浦队，随后又执教过布莱克本流浪者队、纽卡斯尔联队，2000年在凯尔特人队当过临时教练之后，就放下了教鞭，已经超过十年没再干这一行了！

临危受命，达格利什真的给利物浦队带回了希望——球队战绩回升，一度来到英超第六名，有能力争夺欧冠资格了。2011年1月，在放弃托雷斯之后，利物浦队又引进了乌拉圭射手路易斯·苏亚雷斯和英格兰中锋安迪·卡罗尔。

引进彼时的路易斯·苏亚雷斯可以说是充满争议的——他在2010年世界杯上手球，在荷兰联赛里咬人，但是来到利物浦队之后，又立刻展现出惊人的足球天赋和进球能力，首秀就破门得分。

虽然利物浦队在2010—2011赛季最终获得英超第六名，无缘欧冠，但是达格利什倡导的攻势足球还是让人耳目一新，所以约翰·亨利与他续约三年，同

03 "霍太公"钓鱼，"国王"回归

时在转会市场给予他大力支持。2011年夏季转会窗口，乔丹·亨德森、斯图尔特·唐宁、查理·亚当等人加盟，贝拉米也回归了。

接下来的2011—2012赛季，"红军"铆足劲儿想要冲击英超冠军，但是曼城队崛起了，争冠之战逐渐成为曼城队和曼联队之间的"二人转"。而在2011年10月15日的"双红会"上，路易斯·苏亚雷斯与曼联队后卫帕特里斯·埃弗拉发生口角后遭到种族歧视的指控，最终被判禁赛8场，这也让利物浦队遭到重创。

等到2012年2月11日的次回合"双红会"，路易斯·苏亚雷斯正好复出，赛前他故意无视埃弗拉，没有握手，彻底引爆双方的火热气氛。然而，利物浦队还是输了。

这个赛季，达格利什的球队只拿到52分，比冠军少了足足37分，惨列英超第八名。虽然还是拿到了联赛杯冠军，也闯入了足总杯决赛，但这些都不是利物浦队最想要的。于是在赛季结束之后，61岁的达格利什选择体面地离开，英超冠军的夙愿还是留给后来人去完成吧。

04

这一滑，
滑走了英超冠军

正所谓"一失足成千古恨"，滑倒的杰拉德眼神中充满了绝望。

04 这一滑，滑走了英超冠军

达格利什的接班人，是布伦丹·罗杰斯。他曾在切尔西队担任过穆里尼奥的助手，之前带领斯旺西城队踢出了精彩的足球，使该球队被誉为"英超巴萨队"。

罗杰斯的开局并不顺利，甚至可以说是糟糕，因为利物浦队联赛前5轮竟然输了3场，跌至降级区！好不容易熬到了冬季转会窗口，他终于迎来了援兵，英格兰前锋丹尼尔·斯图里奇和巴西中场菲利佩·库蒂尼奥，斯图里奇和路易斯·苏亚雷斯更是组成了著名的"SAS"组合。

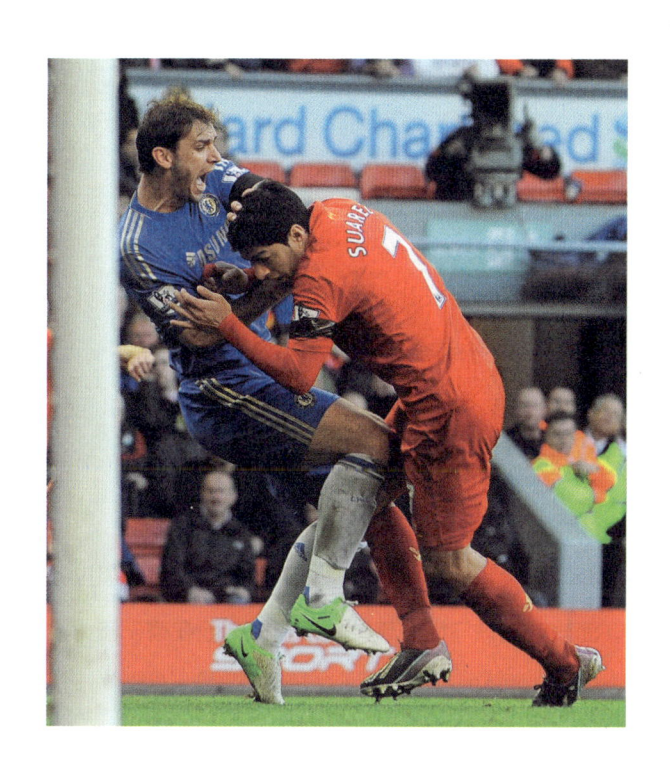

第七章 英超冠军？没那种命

"SAS"是英国特种空勤团的英文缩写，也是这两名前锋英文姓氏首字母的结合。只是他们的威力还没爆发，路易斯·苏亚雷斯就犯了老毛病，咬了切尔西队后卫布拉尼斯拉夫·伊万诺维奇的肩膀，结果被禁赛10场！这也注定了2012—2013赛季只是利物浦队的一个过渡性赛季。

2013年夏天，利物浦队的副队长卡拉格退役了，留下了737次出场的伟大纪录。而阿森纳队对路易斯·苏亚雷斯报价4000万英镑加1英镑，也成了夏季转会窗口的一大笑谈。当然，这位乌拉圭前锋并没走，西蒙·米尼奥莱、雅戈·阿斯帕斯、科洛·图雷也来到了利物浦队。

结束停赛后归来的路易斯·苏亚雷斯，展现出世界级球星的超强实力，33场联赛比赛竟然打入31球，荣获金靴奖。斯图里奇也有22球入账，"SAS"组合合力斩获53球！

库蒂尼奥表现也很出彩，时不时打入"世界波"，再加上小将拉希姆·斯特林的横空出世，利物浦队进攻火力相当凶猛，一共打入101球，打破了球队顶级联赛单赛季的进球纪录！即便算上次级别联赛，这一数据也仅次于1895—1896赛季的106球。

2014年4月13日，"红军"在安菲尔德球场以3比2击败曼城队，取得10连胜并强势领跑积分榜。在下一轮以3比2战胜诺维奇队之后，利物浦队在只剩3轮的情况下领先第二名5分，距离冠军咫尺之遥！

2014年4月27日，罗杰斯的球队迎来了穆里尼奥的切尔西队。此时的穆里尼奥已经是"二进宫"，同样在带队争冠，当然希望能在安菲尔德球场大胜"领头羊"。

上半场伤停补时阶段，利物浦队大举压上，后腰位置的杰拉德撤回到中卫位置，调度指挥。面对队友马马杜·萨科的横传球，他在毫无压力的情况下停球失误并滑倒，导致登巴·巴单刀球破门！

04 这一滑，滑走了英超冠军

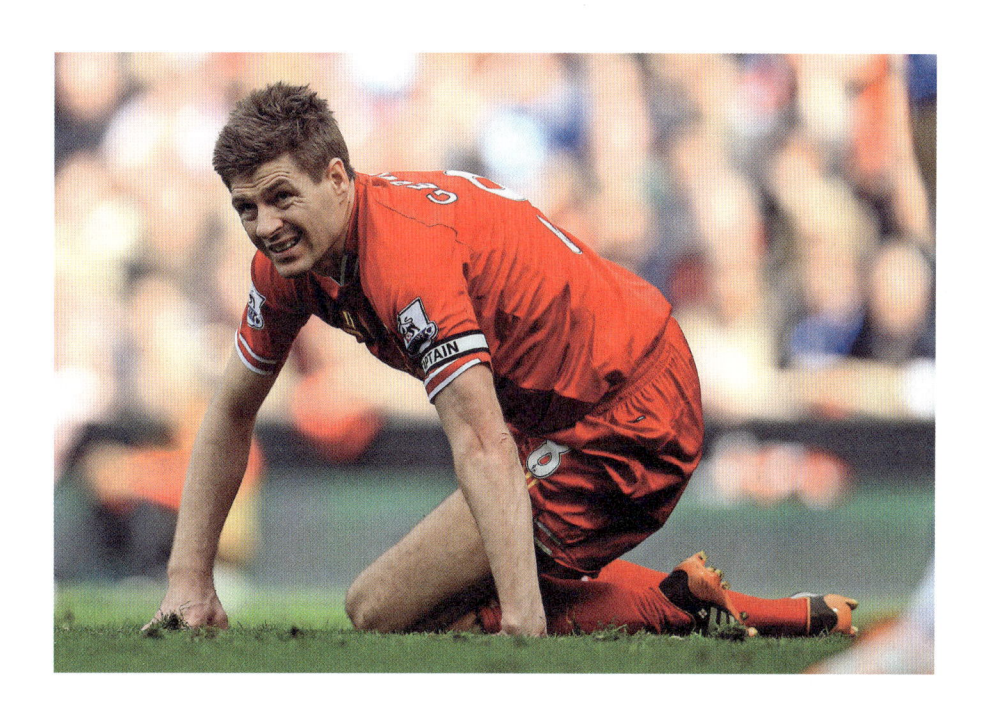

正所谓"一失足成千古恨"，滑倒的杰拉德眼神中充满了绝望。最终，利物浦队以0比2落败，而比失利更糟糕的是球队的士气和信心大减。

5月5日，利物浦队客场挑战水晶宫队，结果遭遇"黑色三分钟"，在3比0领先的情况下竟然被对手神奇扳平！

两轮比赛丢掉5分，"红军"就这么与几乎到手的首座英超冠军奖杯擦肩而过。想必中国的"KOP"当时脑海中回荡的都是那首歌："我没那种命啊……"

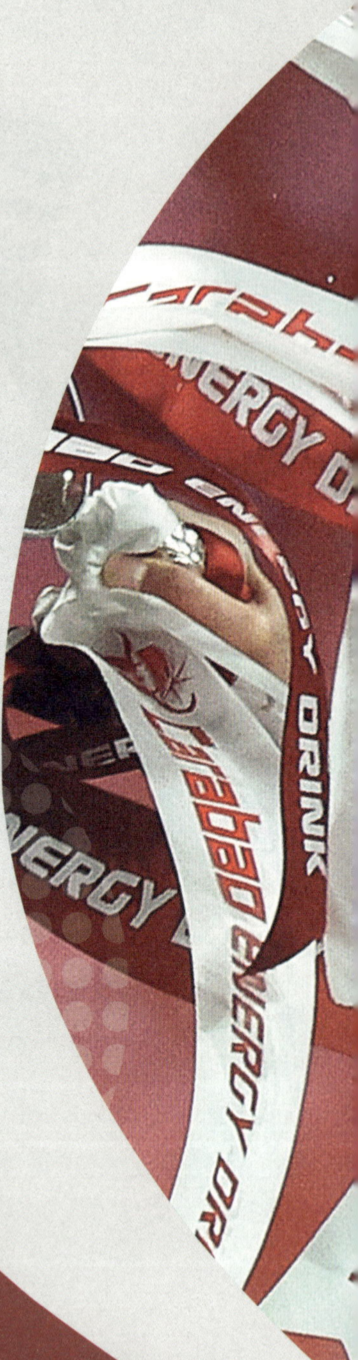
ENERGY DRINK
carabao ENERGY DRINK

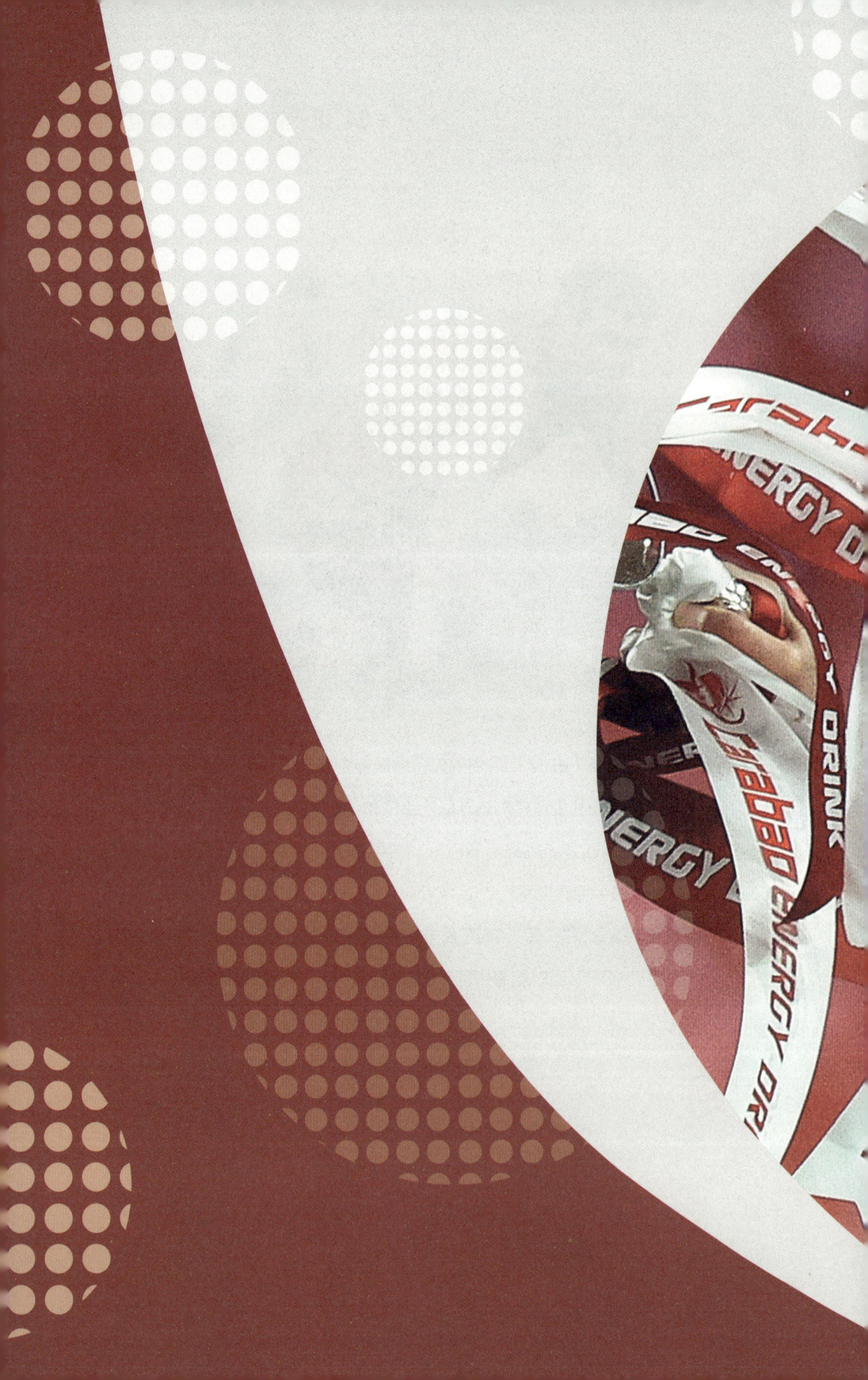

第八章

克洛普：比伟大更伟大

现代足球发展到今天，克洛普面对的各种压力其实要远大于当年的香克利，重建与复兴的难度也要高于以往，所以从某种角度来说，"渣叔"比伟大更伟大！

01

杰拉德告别，罗杰斯下课

"利物浦队在我生命中如此重要，要说再见太困难了。但我觉得这是说再见最好的时机，我确信我对迄今为止的职业生涯从未后悔。"

01 杰拉德告别，罗杰斯下课

与英超冠军缘悭一面之后，利物浦队又在2014年夏天遭到打击：路易斯·苏亚雷斯转会至巴萨队。不过他留下了6500万英镑的转会费，罗杰斯因此引进了亚当·拉拉纳、德扬·洛夫伦、埃姆雷·詹、迪沃克·奥里吉、马里奥·巴洛特利、瑞奇·兰伯特等新援。

然而失去了路易斯·苏亚雷斯，"红军"才更能感受到这位最佳射手的重要性，没有了他的牵制，斯图里奇和斯特林的威力大减，两人在英超里加起来只打入9球！而队内最佳射手竟然是中场杰拉德，但他一个人的进球数也只有9球而已。

这样的进攻火力，别说去争冠，就连争夺欧冠资格都非常困难，最终罗杰斯的球队38轮比赛攻进52球，净胜球只有4个，从上赛季的亚军跌至第六。而在欧冠赛场，利物浦队小组赛即出局，足总杯和联赛杯则双双止步半决赛，落得一个"四大皆空"的结局。

对于杰拉德来说，这更是一个痛苦的结束，因为在2015年1月，他就宣布将在赛季结束后离开利物浦队。"利物浦队在我生命中如此重要，要说再见太困难了。但我觉得这是说再见最好的时机，我确信我对迄今为止的职业生涯从未后悔。"

杰拉德在这里效力了17年，出战710场比赛，打进186球，斩获1个欧冠冠军、2个足总杯冠军、3个联赛杯冠军、1个社区盾杯冠军、1个欧联冠军和1个欧洲超级杯冠军，唯一的遗憾，就是从未捧起过英超冠军奖杯。

第八章 克洛普：比伟大更伟大

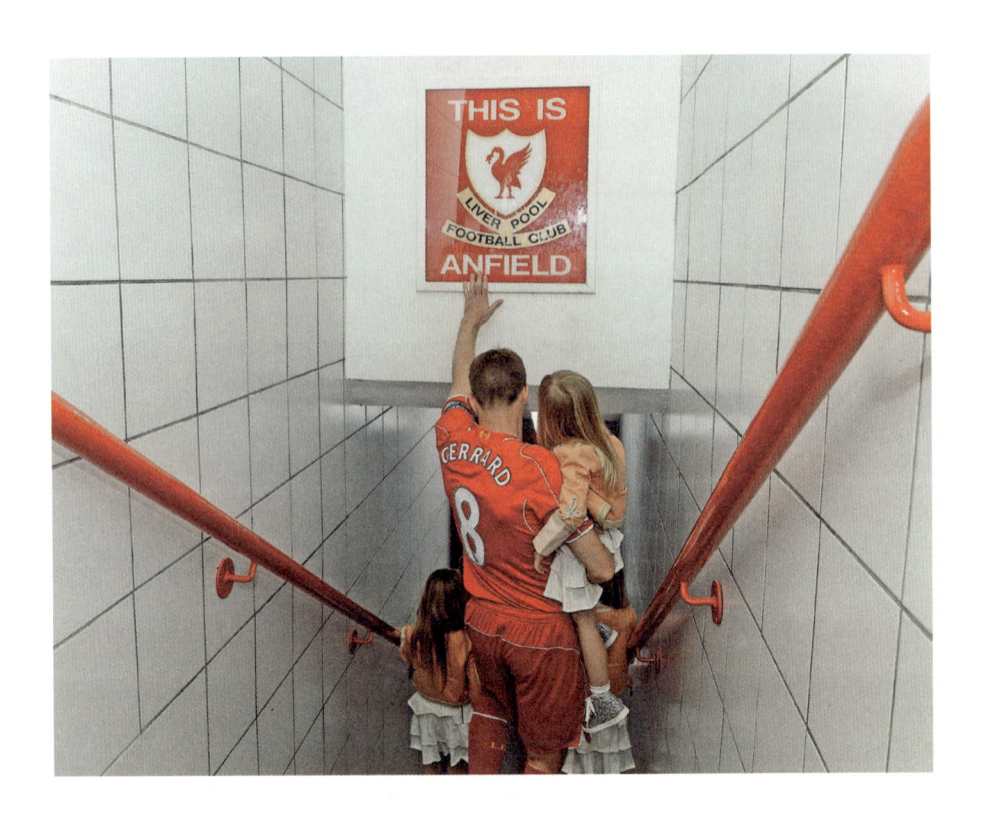

之后，杰拉德前往美国职业足球大联盟踢球，加盟洛杉矶银河队，并于2016年11月正式宣布退役。挂靴之后，他开启执教生涯，利物浦队球迷则希望有朝一日，杰拉德能够重返安菲尔德球场，拿起"红军"的教鞭。

除了杰拉德，斯特林也在2015年夏天走了，利物浦队因此从曼城队那里赚到了4900万英镑。罗杰斯只能重建锋线，比利时中锋克里斯蒂安·本特克以3250万英镑的转会费加盟，巴西国脚罗伯托·菲尔米诺的身价则是2900万英镑。

然而在2015—2016赛季开始之后，利物浦队表现依然难有起色，8轮比赛里积12分、排第10名、进8球、丢10球，于是2015年10月4日，利物浦队官方宣布罗杰斯下课！

02

"普通的一个"

"我确信四年之内,能带利物浦队拿到至少一个冠军,如果做不到,我辞职走人!"

第八章 克洛普：比伟大更伟大

利物浦队最开始属意的新帅人选，其实是意大利名帅卡尔洛·安切洛蒂，毕竟他有丰富的执教经验，而且率领切尔西队夺得过英超冠军，但是安切洛蒂拒绝了。于是，利物浦队联系了德国教练克洛普。

克洛普在多特蒙德队已经取得了巨大的成就，曾经收到曼联队、曼城队等英超豪门的邀请，但他都婉拒了，唯独选择了利物浦队，不得不说是命中注定的双向奔赴。

02 "普通的一个"

克洛普在亮相发布会时，说出了那句名言："我是普通的一个。"这区别于穆里尼奥的"我是特殊的一个"，既谦逊又幽默。但他也放出豪言："我确信四年之内，能带利物浦队拿到至少一个冠军，如果做不到，我辞职走人！"注意，他可没说是英超冠军或者欧冠冠军。

然而，克洛普并不是神。11月8日，利物浦队在主场1比2不敌水晶宫队，绰号"渣叔"的克洛普遭遇在新球队的首败，后来他也不禁感叹："我记得那场比赛的每一秒，我站在寒风中，从未感到如此孤独无助，现状告诉我必须做出改变。"而下一轮比赛，他就率队4比1击败曼城队，取得自2008年以来在伊蒂哈德球场的首场胜利！

虽然这个赛季利物浦队最终只排名英超第八，无缘欧洲赛事，但是克洛普差一点儿就提前三年实现夺冠目标："红军"进了联赛杯决赛，可惜输给了曼城队；进了欧联决赛，可惜输给了"欧联之王"塞维利亚队。

而在欧联决赛惨遭逆转之后，克洛普表示："我为这场失利负责，我向所有人承诺，我们会变得更强，然后再回来！"

03

"红箭三侠"与范戴克

萨拉赫、马内、菲尔米诺,组成了"红军"的"红箭三侠"。

03 "红箭三侠"与范戴克

2016年夏天,克洛普放弃了本特克、巴洛特利等人,引进了塞内加尔边锋萨迪奥·马内、荷兰中场乔尔吉尼奥·维纳尔杜姆、喀麦隆中卫若埃尔·马蒂普等人。其中马内的转会费达到3400万英镑,他主要司职左边锋,速度快,突破能力强,可以说是利物浦队阵中的一大"爆点"。

然而,那个夏天英超迎来巨变,何塞普·瓜迪奥拉执教曼城队,安东尼奥·孔蒂成为切尔西队主帅,穆里尼奥也回来了,成为曼联队的新帅,克洛普面对与众多顶级同行的竞争,压力很大。

不过在"渣叔"的悉心调教之下,利物浦队逐渐展现出新的打法和风格:高位逼抢,快速转换,既能控球,也能快速反击,场面上踢得激情澎湃,让球迷看得血脉偾张,这就是德国人的"重金属足球"!

利物浦队踢得确实是大开大合,进球也比上赛季多了不少,但防守端也暴露出很大的问题,38轮比赛一共丢了42球,最终拿到76分,排名第四,好在力压曼联队和阿森纳队,重返欧冠。

2017年夏季转会窗口,克洛普进行阵容更迭,埃及边锋穆罕默德·萨拉赫从罗马队加盟,转会费4200万欧元。萨拉赫曾经在切尔西队效力,但当时年纪太小,没能获得太多机会,不过前往意大利之后,他终于踢出名堂,获得"埃及梅西"的美誉,最终来到利物浦队。

萨拉赫的位置是右边锋,和马内相比,他速度没有那么快,冲击力没有那么强,但脚下技术更细腻,破门得分能力也更突出,关键时刻能展现巨星风范。

第八章 克洛普：比伟大更伟大

菲尔米诺与这两位的风格又截然不同，他虽然被放到了中锋的位置上，但扮演的是前场组织者的角色，从箭头位置回撤，能送出精妙的传球，给萨拉赫和马内"输送炮弹"。所以从某种意义上说，菲尔米诺才是利物浦队最不可或缺的进攻核心。

萨拉赫、马内、菲尔米诺，组成了"红军"的"红箭三侠"。此外，克洛普还签下了苏格兰左后卫安德鲁·罗伯逊，再加上从青年队提拔的右后卫特伦特·亚历山大-阿诺德，英超历史上助攻能力最出色的边后卫组合就此诞生！

由于萨拉赫和马内习惯内切，罗伯逊和阿诺德在边路获得巨大空间，可以压到很靠前的位置，发挥传中精准的特点，绵绵不断地为队友送出助攻。

然而2017年9月9日对阵曼城队的那场0比5的惨败，让克洛普意识到球队还缺少一位真正的世界级中卫。于是在冬季转会窗口开启之后，利物浦队迅速签下

03 "红箭三侠"与范戴克

了荷兰中卫维吉尔·范戴克,他的转会费高达7500万英镑,创造了世界足坛后卫转会费纪录!而为了筹集这笔转会费,"红军"不得不放弃库蒂尼奥,将其送至巴萨队。

04

从"超级巨大失误",到"安菲尔德奇迹"

"伊斯坦布尔奇迹"之后,又有了"安菲尔德奇迹"。

04 从"超级巨大失误",到"安菲尔德奇迹"

此时的利物浦队,已经集齐了一套非常强大的阵容,足以去冲击任何赛事的奖杯,而球队最先接近的不是英超冠军,是欧冠冠军。

小组赛,利物浦队未尝一败,以头名出线;1/8决赛面对葡萄牙劲旅波尔图队,"红军"首回合便凭借马内的帽子戏法,在客场取得5比0的大胜,一战奠定胜局。

1/4决赛,利物浦队又遇到曼城队,克洛普再次与瓜迪奥拉交锋。这一次,"红军"赢得很轻松,在安菲尔德球场以3比0完胜,哪怕做客伊蒂哈德球场,依然能够以2比1完成"双杀",最终以5比1的总比分强势晋级!

半决赛,利物浦队的对手是罗马队。首回合,是一场5比2的胜利,萨拉赫梅开二度,攻破老东家球门之后不庆祝。然而次回合,罗马队差点儿完成惊天大逆转!虽然利物浦队在上半场便有两球入账,但詹姆斯·米尔纳送上乌龙球大礼,埃丁·哲科破门,拉查·纳英戈兰梅开二度,就差一球,罗马队就能将总比分追成7比7平。不过最终,还是克洛普的球队逃出生天。

2018年5月26日,利物浦队与皇马队会师欧冠决赛,这也是克里斯蒂亚诺·罗纳尔多(简称"C罗")和萨拉赫之间的巅峰对决。然而让人没有想到的是,西班牙中卫塞尔希奥·拉莫斯在比赛中拉拽萨拉赫的胳膊,导致其受伤下场!

雪上加霜的是,德国门将洛里斯·卡里乌斯犯下"超级巨大失误"(詹俊解说词),送了卡里姆·本泽马打破僵局的进球。虽然马内一度顽强地扳平比分,但加雷思·贝尔的倒钩和远射,还是将最终比分锁定为3比1,利物浦队遗憾地获得欧冠亚军。

第八章 克洛普：比伟大更伟大

不过，克洛普并未气馁，他知道自己和球队距离冠军越来越近了。卡里乌斯被租借离队，利物浦队引进了巴西门将阿利松·贝克尔。同样来自巴西的后腰法比尼奥也从摩纳哥队来到利物浦队，成为球队后防线前的屏障。纳比·凯塔则接过了杰拉德留下的8号球衣。

阿利松和法比尼奥的到来，让利物浦队的中轴线更加完善，"渣叔"率队在2018—2019赛季的欧冠赛场上冲击冠军！

小组赛，利物浦队陷入"死亡之组"，与巴黎圣日耳曼队、那不勒斯队、贝尔格莱德红星队同分一组，结果赢了3场，输了3场。最后一轮，"红军"以1比0险胜那不勒斯队，最终抢到小组第二名，在同分的情况下凭借进球多的优势涉险晋级。

一进淘汰赛，利物浦队就遭遇拜仁队。首回合，两队在安菲尔德球场互交白卷，形势对利物浦队来说颇为不利。但令人没有想到的是，来到安联球场的"红军"竟然3比1完胜！而且4球都是利物浦队球员打入的：马内梅开二度，范戴克

04 从"超级巨大失误",到"安菲尔德奇迹"

建功,若埃尔·马蒂普打入乌龙球。

1/4决赛,利物浦队几乎兵不血刃地"双杀"波尔图队,但在半决赛,"红军"遇到了巨大的考验——迎战巴萨队。

首回合做客诺坎普球场,克洛普的球队以0比3完败,路易斯·苏亚雷斯攻破旧主球门,让"KOP"黯然神伤,梅西更是仿佛天神下凡,完成"双响"。此时,几乎所有人都认为巴萨队已经提前进入决赛了,次回合只不过是走过场罢了。

然而利物浦队的字典里没有"放弃"二字。克洛普在次回合赛前说道:"竭尽全力,如果我们能够做到,那就太棒了;如果没有做到,那也要以最漂亮的方式谢幕,争取最小的分差。"

结果,迪沃克·奥里吉开场先声夺人,维纳尔杜姆在122秒里两连击,利物浦队将比分扳成3比3平!第79分钟,阿诺德在发角球时灵光一闪送出助攻,化身"锦鲤"的奥里吉送上致命一击,帮助"红军"完成让三追四的超级大逆转!

第八章 克洛普：比伟大更伟大

"伊斯坦布尔奇迹"之后，又有了"安菲尔德奇迹"。

赛后，克洛普激动地表示："我在每个人的眼里都看到了泪光，足球真的让人发疯。经历了去年的事情之后，我们知道我们必须回到决赛。"

是的，利物浦队回来了，连续两年闯入欧冠决赛。这一次，"红军"的对手是热刺队。

在毛里西奥·波切蒂诺的带领下，热刺队历史上第一次进入欧冠决赛，球队与利物浦队是非常熟悉的英超老对手，而且拥有哈里·凯恩、孙兴慜、克里斯蒂安·埃里克森、德勒·阿里、雨果·洛里斯、扬·费尔通亨等名将，攻防两端的实力都非常出色。

然而，此时的"红军"已经不可战胜！马内的传中造成穆萨·西索科的手

04 从"超级巨大失误",到"安菲尔德奇迹"

球,萨拉赫在开场第2分钟就点球破门。

第87分钟,热刺队后场解围不远,马蒂普把球拨到禁区左侧,奥里吉小角度抽射破门,彻底锁定胜局。

最终,克洛普的球队在马德里的大都会体育场以2比0取胜,夺得球队历史上第六个欧冠冠军,这也是利物浦队14年来的第一座欧冠奖杯!

从2015年10月8日到2018年6月1日,克洛普用了不到三年时间,就为利物浦队夺得了第一个冠军,而且还是欧冠冠军,他兑现了自己的承诺,不用"辞职走人"了。

05

英超冠军,终于来了!

终于来了,利物浦队的第一个英超冠军终于来了!"红军"上一次在顶级联赛里折桂,还是1990年。克洛普率队打破了长达30年的魔咒,球队的顶级联赛冠军总数也终于达到了19个。

05 英超冠军，终于来了！

除了在欧冠所向披靡，利物浦队在2018—2019赛季的英超里表现也相当出色，主场保持不败，取得17胜2平的骄人战绩，客场也就只输了一场。也就是说，整个赛季38轮比赛，克洛普的球队一共只有1负，差点儿就能复制阿森纳队在2003—2004赛季的不败传奇。

而这唯一的失利，就是输给了曼城队。2019年1月3日，利物浦队做客伊蒂哈德球场，以1比2告负，这一结果最终决定了冠军的归属。

第八章 克洛普：比伟大更伟大

曼城队虽然输了4场，但取得32胜2平4负的成绩，拿到98分；利物浦队虽然只输了1场，但取得30胜7平1负的成绩，平局太多，所以哪怕最后9轮全胜，依然以1分之差不敌对手，以97分成为英超历史上积分最高的亚军！

一分饮恨，第三次亚军，难道利物浦队真的就没有成为英超冠军的命？"渣叔"就是不信这个邪！

2019—2020赛季，利物浦队重拳出击，先是在欧洲超级杯中以点球击败切尔西队夺冠，接着又在国际足联俱乐部世界杯决赛中战胜南美解放者杯冠军弗拉门戈队，成为"双冠王"。

在英超中，"红军"接连战胜阿森纳队和切尔西队，以8连胜开局，直到被曼联队1比1逼平才算告一段落，然而接下来又是18连胜！也就是说，27轮战罢，"红军"不仅依然不败，而且赢下了26场比赛，拿到惊人的79分。

这是什么概念？1998—1999赛季的"三冠王"曼联队，在英超38轮中一共

05 英超冠军，终于来了！

才拿到79分；2003—2004赛季在英超以不败战绩夺冠的阿森纳队，38轮中一共才取得26胜。

直到2020年2月29日，利物浦队才遭遇该赛季英超首败。但很快，新冠肺炎疫情就席卷全球，英格兰乃至全球的足球赛事被迫停摆，6月份才开始逐渐恢复。

英超重启之后，利物浦队虽然在客场以0比4不敌曼城队，但是积分领先优势已经足够大，最终提前7轮问鼎英超，创造了英超历史上的最早夺冠纪录！

终于来了，利物浦队的第一个英超冠军终于来了！"红军"上一次在顶级联赛里折桂，还是1990年。克洛普率队打破了长达30年的魔咒，球队的顶级联赛冠军总数也终于达到了19个。

欧冠和英超冠军在手，"渣叔"无疑是英超时代利物浦队最成功的主教练。他也跻身利物浦队"总统山"，得以与香克利、佩斯利、费根等人并肩，成为利物浦队历史上顶尖的主教练之一。甚至在很多人看来，他才是香克利衣钵真正的继承人。

06

"渣叔"谢幕

只是和香克利一样,再伟大的传奇人物,也终有谢幕的那一天。

06 "渣叔"谢幕

和香克利一样，克洛普充满激情，无论是在场边的呐喊，还是取胜后的"农夫三拳"，都能点燃整个安菲尔德球场；同时他又有工人阶级的朴素特质，平易近人，和球迷、球员之间的关系非常融洽。

香克利把利物浦队从英乙带到了英甲冠军、欧冠冠军的高度，完成了球队的第一次复兴；克洛普把利物浦队从英超中游带到了欧冠霸主、英超冠军的高度，完成了球队的又一次复兴。

第八章 克洛普：比伟大更伟大

现代足球发展到今天，克洛普面对的各种压力其实要远大于当年的香克利，重建与复兴的难度也要高于以往，所以从某种角度来说，"渣叔"比伟大更伟大！

只是和香克利一样，再伟大的传奇人物，也终有谢幕的那一天。

当然在谢幕之前，克洛普还在不断书写传奇。2020—2021赛季，利物浦队暂时陷入狂欢之后的低谷，赛季"四大皆空"。不过在2021—2022赛季，"红军"就东山再起，荣获足总杯和联赛杯的"双冠王"，"渣叔"完成了英格兰赛事的大满贯。

可惜的是，利物浦队在联赛里拿到92分，却再次以1分之差不敌曼城队，这也是英超历史上亚军的第二高分。

而在欧冠，利物浦队于"死亡之组"中6战全胜，"双杀"马德里竞技队、AC米兰队和波尔图队，以小组头名出线。淘汰赛阶段，"红军"连克国米队、本菲卡队和比利亚雷亚尔队，时隔两年再次进入决赛，时隔三年再次遭遇皇马队！

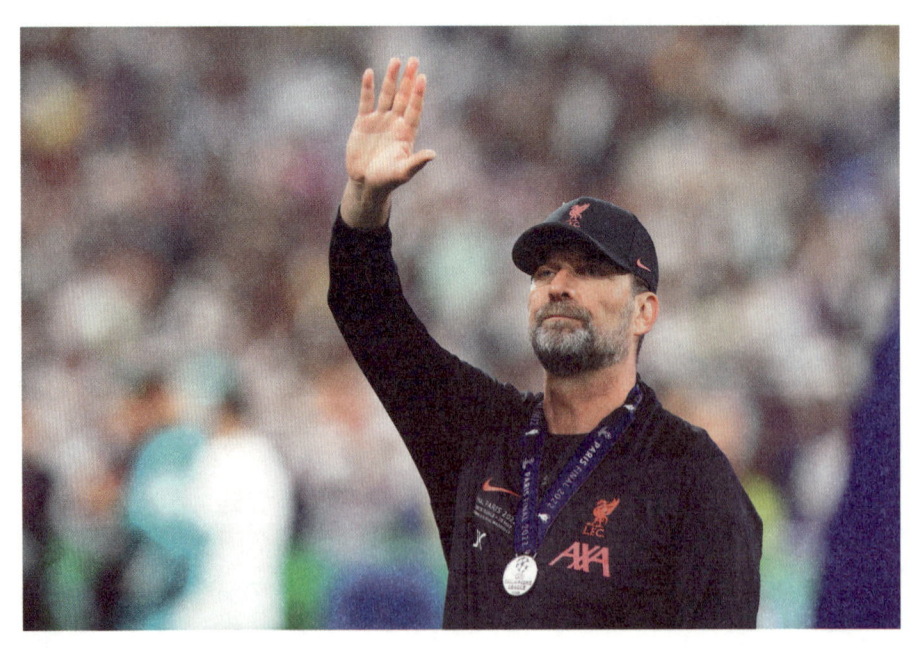

06 "渣叔"谢幕

这已经是利物浦队的第十次欧冠决赛之旅,也是五年来的第三次。可惜的是,在巴黎的王子公园球场,克洛普的球队未能成功"复仇",最终以0比1遗憾告负,再次屈居亚军。

2022—2023赛季,马内离开了,"红箭三侠"开始解体,新加盟的达尔温·努涅斯和科迪·加克波需要时间融入,利物浦队不可避免地状态出现滑坡,虽然赢得社区盾杯冠军,但英超仅列第五名,欧冠止步16强,足总杯和联赛杯也都倒在了第四轮。

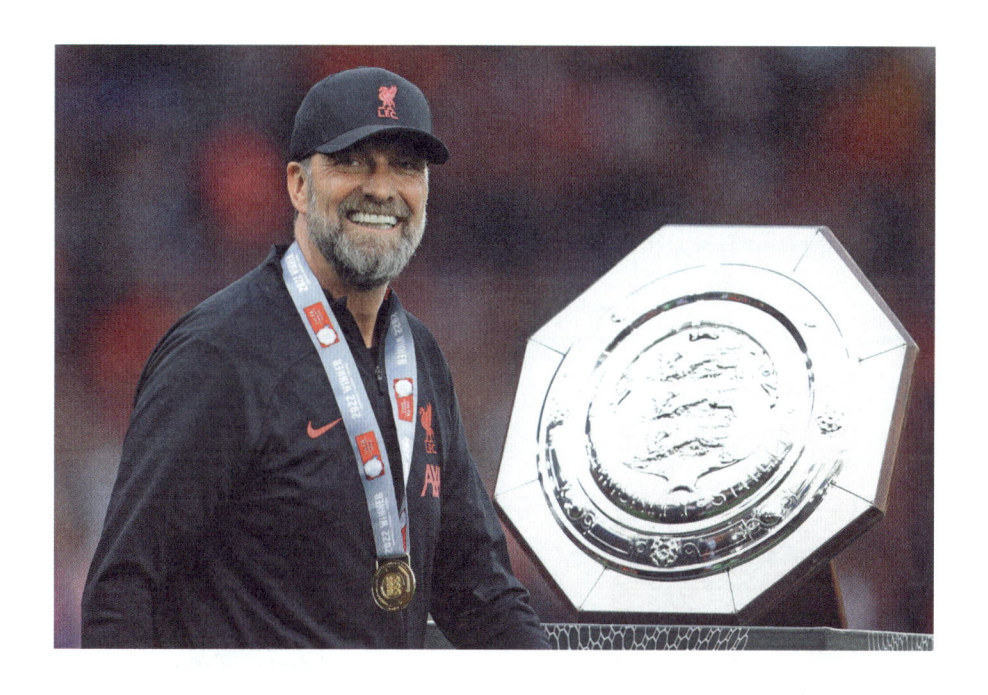

2023年夏天,菲尔米诺也走了,"红箭三侠"只剩下萨拉赫。队长亨德森和后腰法比尼奥都去沙特阿拉伯联赛踢球了,副队长米尔纳以自由身加盟布莱顿队,这意味着利物浦队要开始重建了。

不过对于利物浦队球迷来说,这些都是可以接受的,只要克洛普还在。但是

第八章 克洛普：比伟大更伟大

在2024年1月26日，他们的天似乎塌了：克洛普突然宣布，将在赛季结束后离开利物浦队！

"渣叔"表示，他早在2023年11月的时候就将这一决定告诉了球队高层，至于离开的原因，他解释道："我觉得我快没有精力了。当然，我现在没有任何问题，一切都很好，但我知道总有一天我要做出这个决定，我没办法一次又一次地完成这样的工作。"

克洛普深情地说道："我绝对爱利物浦队的一切，包括这座城市、支持者和团队工作人员。但是现在离开这支球队是对的。我百分之百不会去担任英格兰境内其他球队的教练。"

利物浦队失去克洛普，不亚于曼联队失去弗格森，阿森纳队失去温格。弗格森执教曼联队26年，是不可复制的神话传说，克洛普在安菲尔德球场待了8年半，已经是现代足球的不朽传奇了。

06 "渣叔"谢幕

联赛杯冠军,是克洛普给利物浦队留下的最后一个冠军,他率领球队在决赛中以1比0击败了切尔西队。489战304胜100平85负,1个欧冠冠军、1个英超冠军、1个足总杯冠军、2个联赛杯冠军、1个社区盾杯冠军、1个欧洲超级杯冠军、1个国际足联俱乐部世界杯冠军,克洛普的时代,真的结束了。

2024年5月19日,克洛普在安菲尔德球场做了最后的告别。

他指着利物浦队的球迷说道:"你们是世界足坛不可或缺的超级力量。我们有很棒的球场、很棒的训练中心,我们有你们。你们可以决定我们的情绪,你们可以主导我们的行为。从今天起,我就是你们中的一员,我永远是利物浦队的信徒。

"我很惊讶。我以为我整个人已经被这种感情冲得支离破碎了,但我没有。我为你们所有人、球场的气氛、比赛以及成为这个家庭的一员感到高兴!"

现场观众开始高唱"克洛普之歌",克洛普微笑着暂停了讲话,然后接着说道:"谢谢你们。如果大家明年再唱这首歌,一定会很有趣。感觉这不像是结束,

第八章 克洛普：比伟大更伟大

这只是个开始。今天我看到了一支充满才华、朝气、创造力、求胜欲的球队，这是球队发展的一部分，这显然是球迷需要看到的。

"在这几个星期里，我受到了太多的关注，我意识到了很多事情。人们说我把他们从怀疑者变成了信徒。这不是真的。是你们自己做到的。没有人告诉你们不要再相信。这支球队正处在一个比以往任何时候都好的时刻。我看到很多人在哭，今晚我也会哭，因为我会想念利物浦队的球迷，但改变是好事。一切都会好起来的，因为基本的东西都在那里。"

他做了最后的嘱托："你们欢迎新教练时要像欢迎我一样。大家要从新教练带队的第一天起就全力以赴。大家要继续相信，球迷是球队前进的动力。我现在是你们中的一员了。我爱利物浦队球迷爱得要死。谢谢，你们是世界上最好的球迷。谢谢！"

克洛普离开之后，利物浦队在2024年5月宣布，荷兰豪门费耶诺德队的主教练阿内·斯洛特成为球队的新任主帅。

06 "渣叔"谢幕

新官上任，斯洛特就提起了自己的前任："我接替的那一位教练（克洛普），也许从地位上来说，是一位在他工作了近9年的球队里达到了更高地位的教练。因此，我希望当我离开利物浦队的时候，我能像他现在离开利物浦队这样，或是像我离开费耶诺德队时一样。但要做到这一点，必须有许多不可思议的事情得以进展顺利。"

克洛普已经做到了太多不可思议的事情，斯洛特能做到吗？利物浦队的球迷也只能拭目以待了。

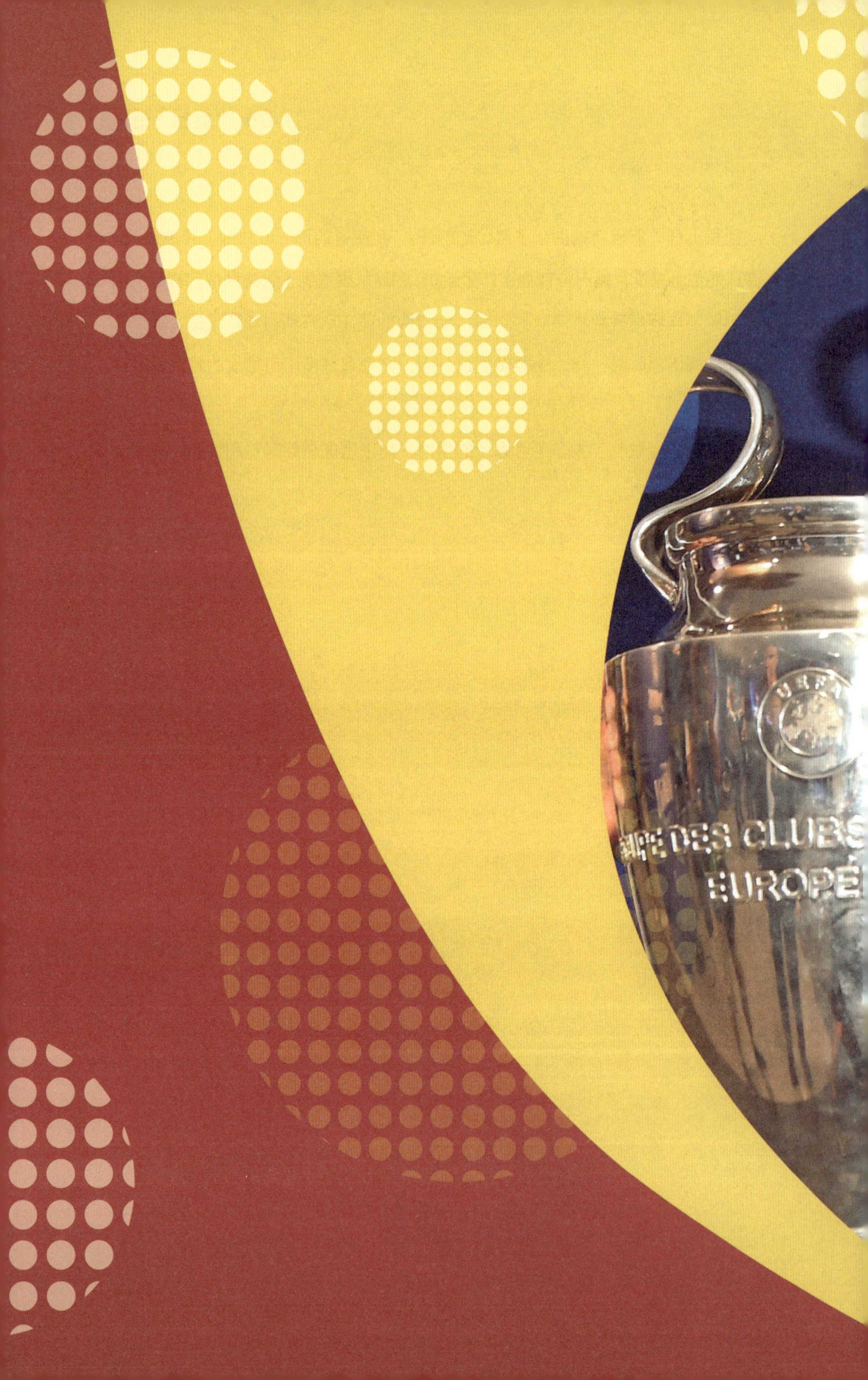
DES CLUBS

荣耀殿堂

对于任何一支球队来说，在浩瀚的历史长河中，都会有很多荣耀诞生。传奇球星、经典比赛、辉煌时刻……这些荣耀，是球迷津津乐道的话题，也是难以忘怀的回忆。

50大球星

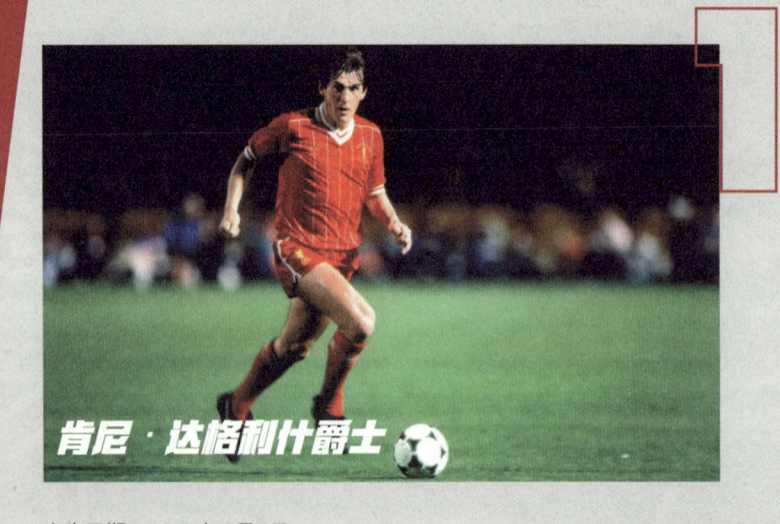

1. 肯尼·达格利什爵士

出生日期：1951年3月4日

效力年份：1977—1990年

主要球衣号码：6号、7号、12号、14号

数　　据：515场172球

球队荣誉：3次欧冠冠军、8次英甲冠军、2次足总杯冠军、4次联赛杯冠军、7次慈善盾杯冠军、1次欧洲超级杯冠军

2. 史蒂文·杰拉德

出生日期：1980年5月30日

效力年份：1997—2015年

主要球衣号码：8号、17号、28号

数　　据：710场186球

球队荣誉：1次欧冠冠军、2次足总杯冠军、3次联赛杯冠军、1次社区盾杯冠军、1次欧联冠军、1次欧洲超级杯冠军

个人荣誉：1次英超助攻王

伊恩·拉什

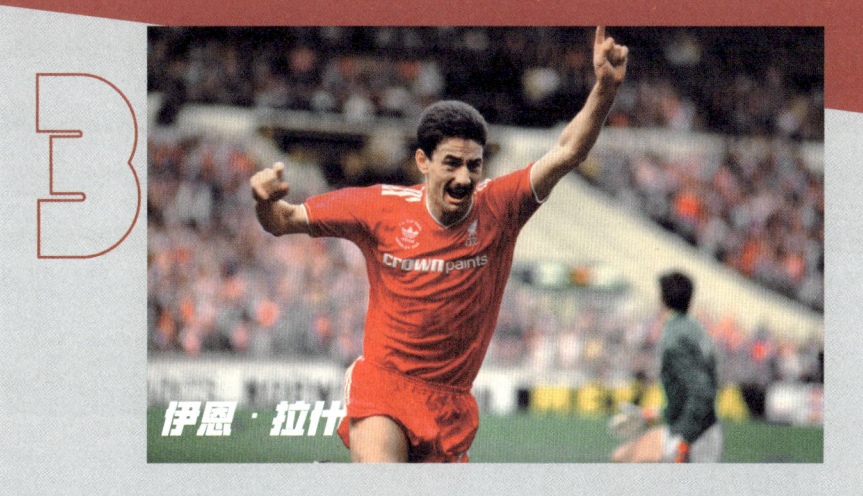

出生日期：1961年10月20日

效力年份：1980—1987年、1988—1996年

主要球衣号码：9号、12号、14号

数　　据：660场346球

球队荣誉：2次欧冠冠军、5次英甲冠军、3次足总杯冠军、5次联赛杯冠军、4次慈善盾杯冠军

个人荣誉：1次欧洲金靴奖、1次英甲金靴奖

罗比·福勒

出生日期：1975年4月9日

效力年份：1992—2001年、2006—2007年

主要球衣号码：9号、11号、12号、23号

数　　据：369场183球

球队荣誉：1次足总杯冠军、2次联赛杯冠军、1次欧联冠军、1次欧洲超级杯冠军

个人荣誉：1次欧洲优胜者杯金靴奖

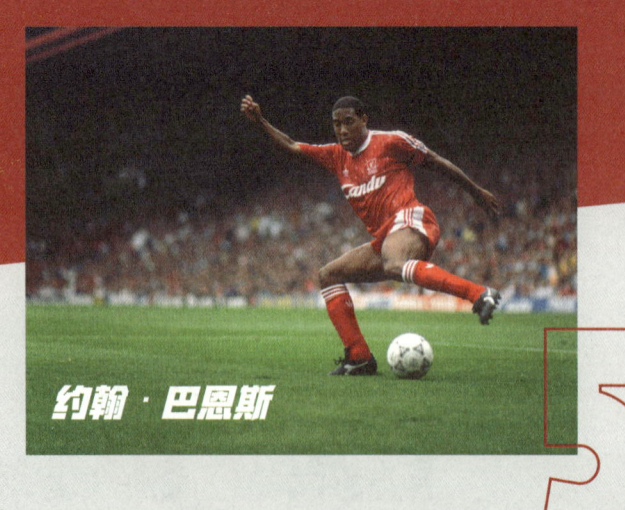

50大球星

约翰·巴恩斯

出生日期：1963年11月7日

效力年份：1987—1997年

主要球衣号码：10号、11号

数　　据：407场108球

球队荣誉：2次英甲冠军、2次足总杯冠军、1次联赛杯冠军、3次慈善盾杯冠军

凯文·基冈

出生日期：1951年2月14日

效力年份：1971—1977年

主要球衣号码：7号、8号

数　　据：323场100球

球队荣誉：1次欧冠冠军、3次英甲冠军、1次足总杯冠军、2次慈善盾杯冠军、2次欧联冠军

阿兰·汉森

出生日期：1955年6月13日

效力年份：1977—1991年

主要球衣号码：6号

数　　据：620场14球

球队荣誉：3次欧冠冠军、8次英甲冠军、2次足总杯冠军、4次联赛杯冠军、6次慈善盾杯冠军、1次欧洲超级杯冠军

格雷姆·索内斯

出生日期：1953年5月6日

效力年份：1978—1984年

主要球衣号码：11号

数　　据：359场55球

球队荣誉：3次欧冠冠军、5次英甲冠军、4次联赛杯冠军、3次慈善盾杯冠军

个人荣誉：1次欧冠金靴奖

50大球星

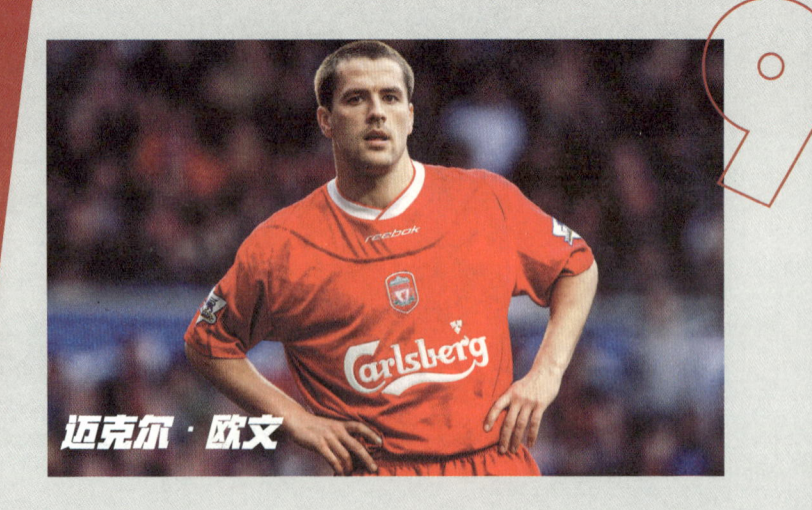

9 迈克尔·欧文

出生日期：1979年12月14日

效力年份：1996—2004年

主要球衣号码：10号、18号

数　　据：297场158球

球队荣誉：1次足总杯冠军、2次联赛杯冠军、1次慈善盾杯冠军、1次欧联冠军、1次欧洲超级杯冠军

个人荣誉：1次金球奖、1次英超赛季最佳球员、2次英超金靴奖

10 菲尔·尼尔

出生日期：1951年2月20日

效力年份：1974—1985年

主要球衣号码：2号、3号、6号、12号

数　　据：650场59球

球队荣誉：4次欧冠冠军、8次英甲冠军、4次联赛杯冠军、5次慈善盾杯冠军、1次欧联冠军、1次欧洲超级杯冠军

11 穆罕默德·萨拉赫

出生日期：1992年6月15日

效力年份：2017年开始

主要球衣号码：11号

数　　据：349场211球

球队荣誉：1次欧冠冠军、1次英超冠军、1次足总杯冠军、2次联赛杯冠军、1次社区盾杯冠军、1次欧洲超级杯冠军、1次国际足联俱乐部世界杯冠军

个人荣誉：1次金足奖、2次非洲足球先生、1次英超赛季最佳球员、3次英超金靴奖、1次英超助攻王

12 维吉尔·范戴克

出生日期：1991年7月8日

效力年份：2018年开始

主要球衣号码：4号

数　　据：270场23球

球队荣誉：1次欧冠冠军、1次英超冠军、1次足总杯冠军、2次联赛杯冠军、1次社区盾杯冠军、1次欧洲超级杯冠军、1次国际足联俱乐部世界杯冠军

个人荣誉：1次欧足联赛季最佳球员、1次英超赛季最佳球员

50大球星

罗杰·亨特 13

出生日期：1938年7月20日

效力年份：1958—1969年

主要球衣号码：8号

数　　据：492场285球

球队荣誉：2次英甲冠军、1次足总杯冠军、3次慈善盾杯冠军

史蒂夫·麦克马纳曼 14

出生日期：1972年2月11日

效力年份：1990—1999年

主要球衣号码：7号、8号、12号、14号、17号

数　　据：364场66球

球队荣誉：1次足总杯冠军、1次联赛杯冠军

个人荣誉：1次英超助攻王

路易斯·苏亚雷斯

出生日期：1987年1月24日

效力年份：2011—2014年

主要球衣号码：7号

数　　据：133场82球

球队荣誉：1次联赛杯冠军

个人荣誉：1次英超赛季最佳球员、1次欧洲金靴奖、1次英超金靴奖

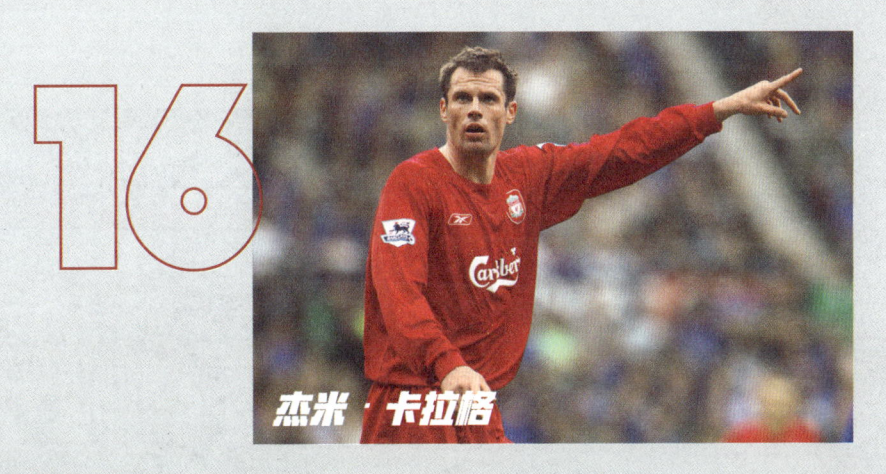

杰米·卡拉格

出生日期：1978年1月20日

效力年份：1996—2013年

主要球衣号码：22号、23号

数　　据：737场5球

球队荣誉：1次欧冠冠军、2次足总杯冠军、3次联赛杯冠军、2次社区盾杯（慈善盾杯）冠军、1次欧联冠军、2次欧洲超级杯冠军

50大球星

汤米·史密斯

17

出生日期：1945年4月5日

效力年份：1962—1976年、1977—1978年

主要球衣号码：2号、3号、4号、8号、10号、14号

数　　据：638场48球

球队荣誉：2次欧冠冠军、4次英甲冠军、2次足总杯冠军、6次慈善盾杯冠军、2次欧联冠军、1次欧洲超级杯冠军

18

雷·肯尼迪

出生日期：1951年7月28日

效力年份：1974—1982年

主要球衣号码：5号、10号、12号

数　　据：393场72球

球队荣誉：3次欧冠冠军、5次英甲冠军、2次联赛杯冠军、4次慈善盾杯冠军、1次欧联冠军、1次欧洲超级杯冠军

19 伊恩·卡拉汉

出生日期：1942年4月10日
效力年份：1960—1978年
主要球衣号码：7号、11号、12号
数　　据：857场68球
球队荣誉：2次欧冠冠军、5次英甲冠军、2次足总杯冠军、6次慈善盾杯冠军、2次欧联冠军、1次欧洲超级杯冠军

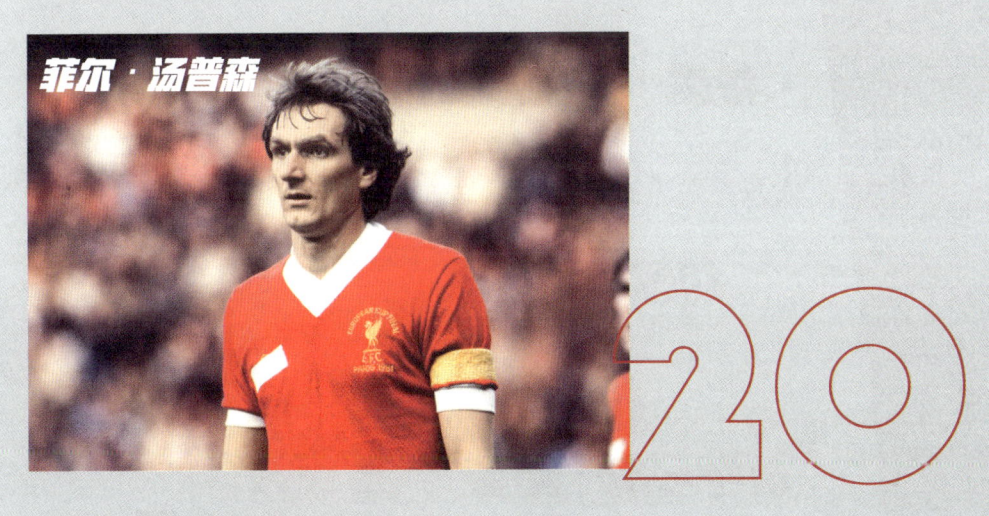

20 菲尔·汤普森

出生日期：1954年1月21日
效力年份：1971—1985年
主要球衣号码：3号、4号、5号、6号、12号、14号
数　　据：477场13球
球队荣誉：4次欧冠冠军、7次英甲冠军、1次足总杯冠军、4次联赛杯冠军、6次慈善盾杯冠军、2次欧联冠军、1次欧洲超级杯冠军

50大球星

21 比利·里德尔

22 埃姆林·休斯

23 伊恩·圣约翰

24 罗恩·耶茨

25 萨米·海皮亚

26 阿兰·肯尼迪

27 吉米·凯斯

28 马克·劳伦森

29 特里·麦克德莫特

30 约翰·里瑟

31 约翰·托沙克

32 史蒂夫·海威

33 迪特马尔·哈曼

34 约翰·奥尔德里奇

35 萨米·李

36
罗尼·惠兰

37
佩佩·雷纳

38
史蒂夫·尼科尔

39
史蒂夫·麦克马洪

40
汤米·劳伦斯

41
克里斯·劳勒

42
扬·莫尔比

43
雷·克莱门斯

44
大卫·费尔克拉夫

45
布鲁斯·格罗贝拉

46
耶日·杜德克

47
萨迪奥·马内

48
彼得·比尔兹利

49
德克·库伊特

50
乔丹·亨德森

队史最佳阵容

主力阵容
（"433"阵形）

门将：雷·克莱门斯
后卫：菲尔·尼尔、阿兰·汉森、维吉尔·范戴克、安德鲁·罗伯逊
中场：格雷姆·索内斯、扬·莫尔比、史蒂文·杰拉德
前锋：凯文·基冈、伊恩·拉什、肯尼·达格利什爵士

替补阵容
（"433"阵形）

门将：布鲁斯·格罗贝拉
后卫：特伦特·亚历山大-阿诺德、杰米·卡拉格、马克·劳伦森、阿兰·肯尼迪
中场：伊恩·卡拉汉、哈维·阿隆索、约翰·巴恩斯
前锋：穆罕默德·萨拉赫、路易斯·苏亚雷斯、萨迪奥·马内

历届英超积分排名

赛季	总场数	胜场数	平局场数	负场数	积分	排名
1992—1993	42	16	11	15	59	6
1993—1994	42	17	9	16	60	8
1994—1995	42	21	11	10	74	4
1995—1996	38	20	11	7	71	3
1996—1997	38	19	11	8	68	4
1997—1998	38	18	11	9	65	3
1998—1999	38	15	9	14	54	7
1999—2000	38	19	10	9	67	4
2000—2001	38	20	9	9	69	3
2001—2002	38	24	8	6	80	2
2002—2003	38	18	10	10	64	5
2003—2004	38	16	12	10	60	4
2004—2005	38	17	7	14	58	5
2005—2006	38	25	7	6	82	3
2006—2007	38	20	8	10	68	3
2007—2008	38	21	13	4	76	4
2008—2009	38	25	11	2	86	2
2009—2010	38	18	9	11	63	7
2010—2011	38	17	7	14	58	6
2011—2012	38	14	10	14	52	8
2012—2013	38	16	13	9	61	7
2013—2014	38	26	6	6	84	2
2014—2015	38	18	8	12	62	6
2015—2016	38	16	12	10	60	8
2016—2017	38	22	10	6	76	4
2017—2018	38	21	12	5	75	4
2018—2019	38	30	7	1	97	2
2019—2020	38	32	3	3	99	1
2020—2021	38	20	9	9	69	3
2021—2022	38	28	8	2	92	2
2022—2023	38	19	10	9	67	5
2023—2024	38	24	10	4	82	3

数据截至 2023—2024 赛季结束

冠军荣誉

本土赛事

顶级联赛冠军（19个）：

英甲（18个）：1900—1901赛季、1905—1906赛季、1921—1922赛季、1922—1923赛季、1946—1947赛季、1963—1964赛季、1965—1966赛季、1972—1973赛季、1975—1976赛季、1976—1977赛季、1978—1979赛季、1979—1980赛季、1981—1982赛季、1982—1983赛季、1983—1984赛季、1985—1986赛季、1987—1988赛季、1989—1990赛季。

英超（1个）：2019—2020赛季。

足总杯（8个）：1964—1965赛季、1973—1974赛季、1985—1986赛季、1988—1989赛季、1991—1992赛季、2000—2001赛季、2005—2006赛季、2021—2022赛季。

联赛杯（10个）：1980—1981赛季、1981—1982赛季、1982—1983赛季、1983—1984赛季、1994—1995赛季、2000—2001赛季、2002—2003赛季、2011—2012赛季、2021—2022赛季、2023—2024赛季。

社区盾杯（含慈善盾杯，16个）：1964年*、1965年*、1966年、1974年、1976年、1977年*、1979年、1980年、1982年、1986年*、1988年、1989年、1990年*、2001年、2006年、2022年。

（标注*的为决赛双方共享冠军）

欧洲赛事

欧冠（6个）：1976—1977赛季、1977—1978赛季、1980—1981赛季、1983—1984赛季、2004—2005赛季、2018—2019赛季。

欧联（3个）：1972—1973赛季、1975—1976赛季、2000—2001赛季。

欧洲超级杯（4个）：1977年、2001年、2005年、2019年。

洲际赛事

国际足联俱乐部世界杯（1个）：2019年。

纪录盘点

冠军纪录

1. 1900—1901赛季，获得队史首个英甲冠军。
2. 1922—1923赛季，队史首次实现英格兰顶级联赛两连冠。
3. 1964—1965赛季，获得队史首个足总杯冠军。
4. 1964年，获得队史首个慈善盾杯（社区盾杯）冠军。
5. 1976—1977赛季，获得队史首个欧冠冠军。
6. 1977—1978赛季，成为英格兰足坛首支在欧冠成功卫冕的球队。
7. 1983—1984赛季，队史首次实现英格兰顶级联赛三连冠。
8. 1985—1986赛季，队史首次加冕英甲、足总杯"双冠王"。
9. 1989—1990赛季，获得队史第18个英甲冠军，是在英超成立前夺得顶级联赛冠军次数最多的球队。
10. 2019—2020赛季，获得队史首个英超冠军。

比分纪录

1. 最大比分赢球

顶级联赛：1989年9月12日，利物浦队9比0水晶宫队。
　　　　　2022年8月27日，利物浦队9比0伯恩茅斯队。
欧冠：1980年10月1日，利物浦队10比1奥卢OP队。
欧洲优胜者杯：1974年9月18日，利物浦队11比0斯托姆加斯特队。

2. 最大比分输球

顶级联赛：1934年11月10日，利物浦队0比8哈德斯菲尔德镇队。
欧冠：1966年12月7日，利物浦队1比5阿贾克斯队。

进球纪录

队史射手王： 伊恩·拉什，346球。
单赛季个人进球纪录： 伊恩·拉什，1983—1984赛季，47球。

历史出场榜

排名	姓名	出场数
1	伊恩·卡拉汉	857
2	杰米·卡拉格	737
3	史蒂文·杰拉德	710
4	埃姆林·休斯	665
4	雷·克莱门斯	665
6	伊恩·拉什	660
7	菲尔·尼尔	650
8	汤米·史密斯	638
9	布鲁斯·格罗贝拉	628
10	阿兰·汉森	620
11	克里斯·劳勒	549
12	比利·里德尔	534
13	肯尼·达格利什爵士	515
14	罗尼·惠兰	493
15	罗杰·亨特	492
15	乔丹·亨德森*	492
17	菲尔·汤普森	477
18	史蒂夫·海威	475
19	埃利萨·斯科特	468
19	史蒂夫·尼科尔	468

历史进球榜

排名	姓名	进球数
1	伊恩·拉什	346
2	罗杰·亨特	285
3	戈登·霍奇森	241
4	比利·里德尔	228
5	穆罕默德·萨拉赫*	211
6	史蒂文·杰拉德	186
7	罗比·福勒	183
8	肯尼·达格利什爵士	172
9	迈克尔·欧文	158
10	哈里·钱伯斯	151
11	萨姆·雷柏尔德	130
12	杰克·帕金森	128
13	迪克·福肖	124
14	萨迪奥·马内*	120
15	伊恩·圣约翰	118
16	罗伯托·菲尔米诺*	111
17	杰克·巴尔默	110
18	约翰·巴恩斯	108
19	凯文·基冈	100
20	约翰·托沙克	96

标注*的为现役球员，两榜单均仅取前 20 名
数据截至 2023—2024 赛季结束

历任主帅及荣誉

主帅	任期	荣誉
约翰·麦肯纳	1892—1896 年	
汤姆·沃森	1896—1915 年	2 次英甲冠军
大卫·阿什沃斯	1919—1923 年	1 次英甲冠军
马特·麦克奎恩	1923—1928 年	1 次英甲冠军
乔治·帕特森	1928—1936 年	
乔治·凯	1936—1951 年	1 次英甲冠军
唐·威尔什	1951—1956 年	
菲尔·泰勒	1956—1959 年	
比尔·香克利	1959—1974 年	3 次英甲冠军、2 次足总杯冠军、3 次慈善盾杯冠军、1 次欧联冠军
鲍勃·佩斯利	1974—1983 年	3 次欧冠冠军、6 次英甲冠军、3 次联赛杯冠军、6 次慈善盾杯冠军、1 次欧联冠军、1 次欧洲超级杯冠军
乔·费根	1983—1985 年	1 次欧冠冠军、1 次英甲冠军、1 次联赛杯冠军
肯尼·达格利什爵士	1985—1991 年	3 次英甲冠军、2 次足总杯冠军、4 次慈善盾杯冠军
罗尼·莫兰	1991 年	
格雷姆·索内斯	1991—1994 年	1 次足总杯冠军
罗伊·埃文斯	1994—1998 年	1 次联赛杯冠军
吉拉德·霍利尔	1998—2004 年	1 次足总杯冠军、2 次联赛杯冠军、1 次慈善盾杯冠军、1 次欧联冠军、1 次欧洲超级杯冠军
拉斐尔·贝尼特斯	2004—2010 年	1 次欧冠冠军、1 次足总杯冠军、1 次社区盾杯冠军、1 次欧洲超级杯冠军
罗伊·霍奇森	2010—2011 年	
肯尼·达格利什爵士	2011—2012 年	1 次联赛杯冠军
布伦丹·罗杰斯	2012—2015 年	
尤尔根·克洛普	2015—2024 年	1 次欧冠冠军、1 次英超冠军、1 次足总杯冠军、2 次联赛杯冠军、1 次社区盾杯冠军、1 次欧洲超级杯冠军、1 次国际足联俱乐部世界杯冠军
阿内·斯洛特	从 2024 年开始	

历任队长
（二战之后）

威利·费根（1945—1947年）
杰克·巴尔默（1947—1949年）
菲尔·泰勒（1949—1953年）
比尔·琼斯（1953—1954年）
劳里·休斯（1954—1955年）
比利·里德尔（1955—1958年）
约翰尼·惠勒（1958—1959年）
罗尼·莫兰（1959—1960年）
迪克·怀特（1960—1961年）
罗恩·耶茨（1961—1970年）
汤米·史密斯（1970—1973年）
埃姆林·休斯（1973—1979年）
菲尔·汤普森（1979—1981年）
格雷姆·索内斯（1982—1984年）
菲尔·尼尔（1984—1985年）
阿兰·汉森（1985—1990年）
罗尼·惠兰（1990—1991年）
马克·赖特（1991—1993年）
伊恩·拉什（1993—1996年）
约翰·巴恩斯（1996—1997年）
保罗·因斯（1997—1999年）
杰米·雷德克纳普（1999—2002年）
萨米·海皮亚（2002—2003年）
史蒂文·杰拉德（2003—2015年）
乔丹·亨德森（2015—2023年）
维吉尔·范戴克（从2023年开始）

历任主席
（二战之后）

威廉·麦康奈尔（1944—1947年）
斯坦利·罗纳德·威廉姆斯（1947—1950年）
乔治·阿尔弗雷德·理查兹（1950—1953年）
威廉·约翰·哈洛普（1953—1956年）
托马斯·瓦伦丁·威廉姆斯（1956—1964年）
西德尼·里克斯（1964—1967年）
哈罗德·卡特莱特（1967—1969年）
埃里克·罗伯茨（1969—1973年）
约翰·史密斯（1973—1990年）
诺埃尔·怀特（1990—1991年）
大卫·摩尔斯（1991—2007年）
乔治·吉列与汤姆·希克斯（2007—2010年）
汤姆·维尔纳（从2010年开始）

队歌

利物浦队的队歌是 *You'll Never Walk Alone*（你永远不会独行）。这首歌曲来自百老汇音乐剧《旋转木马》，并不是专门为利物浦队所写的队歌。自20世纪60年代开始，这首歌就被利物浦队球迷在安菲尔德球场齐声高唱。1982年8月，为了纪念比尔·香克利，歌名"You'll Never Walk Alone"被刻在了"香克利大门"上。此后，写有"You'll Never Walk Alone"的"香克利大门"还成为利物浦队队徽的一部分。

You'll Never Walk Alone
（你永远不会独行）

【双语歌词】
When you walk through the storm
当你走过风暴
Hold your head up high
请将头高高昂起
And don't be afraid of the dark
不要害怕黑暗
At the end of the storm
在风暴的尽头
There's a golden sky
有金色的天空
And the sweet silver song of the lark
还有百灵鸟甜美的歌声
Walk on through the wind
穿过狂风
Walk on through the rain
穿过暴雨
Though your dreams be tossed and blown
纵使梦想破灭
Walk on, walk on
继续向前走
With hope in your heart
心中怀着希望
And you'll never walk alone
你永远不会独行
You'll never walk alone
你永远不会独行
Walk on, walk on
继续向前走
With hope in your heart
心中怀着希望
And you'll never walk alone
你永远不会独行
You'll never walk alone
你永远不会独行

主场故事

利物浦队建队伊始,便将安菲尔德球场作为主场,该球场始建于1884年,目前拥有超过6.1万人的容量,是欧足联的四星级球场。

安菲尔德球场建成初期,曾作为利物浦队同城死敌埃弗顿队的主场,后因租金问题,埃弗顿队搬出安菲尔德球场。

安菲尔德球场可分为"KOP"看台、肯尼·达格利什爵士看台、安菲尔德路看台和主看台四大区域。

"KOP"看台是利物浦队死忠球迷的聚集地,拥有整个球场内最好的气氛。

肯尼·达格利什爵士看台原名为"百年看台"——1992年球场改造工程完工,正值利物浦队百年庆典,因此该看台被命名为"百年看台"。2017年,该看台更名为"肯尼·达格利什爵士看台"。

安菲尔德路看台在2024年扩建改造完成,客队球迷也被安排在此。

主看台拥有贵宾包厢、电视转播室、记者席,替补席和球员休息室也位于主看台。

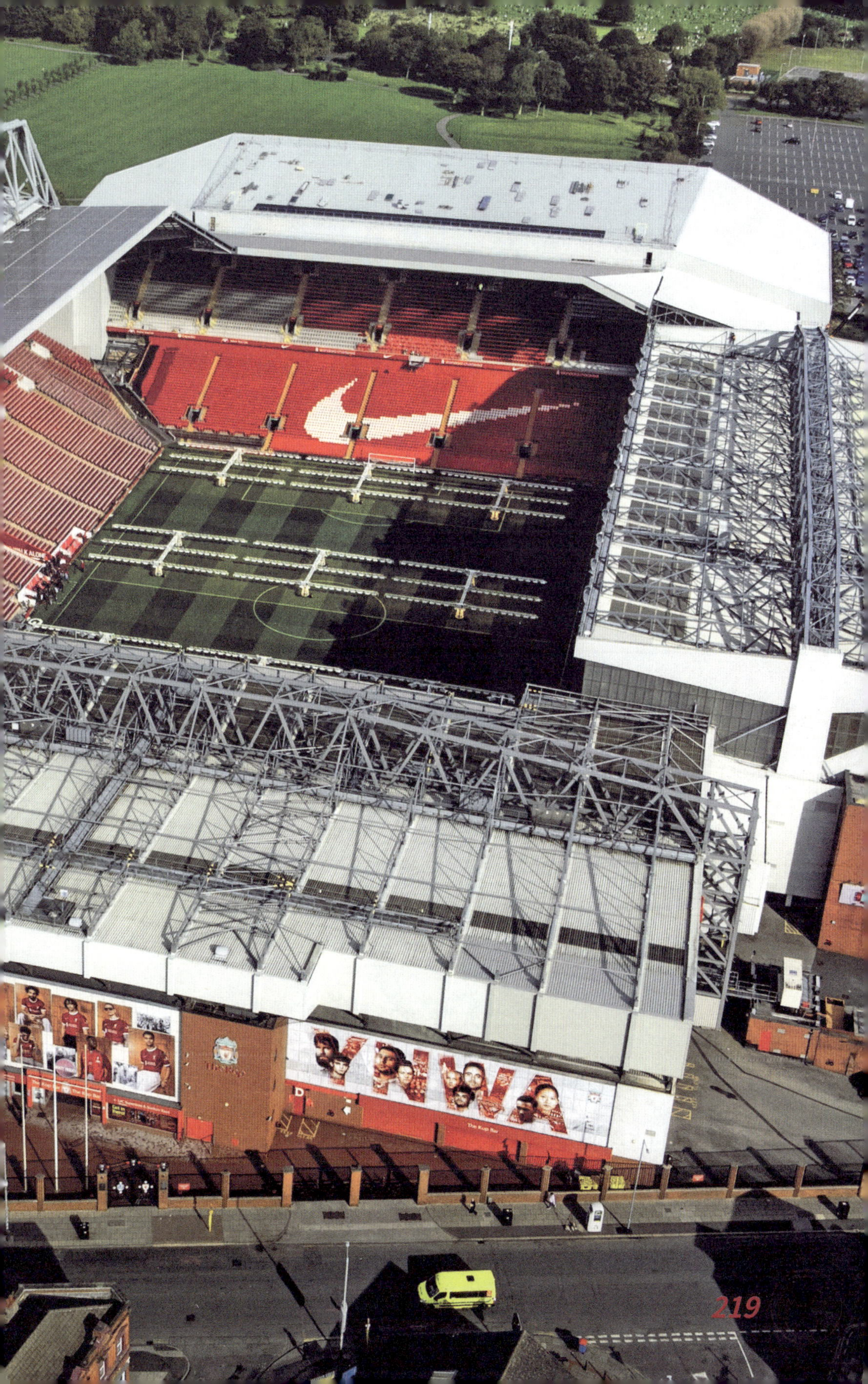
YNWA

联赛十大战役

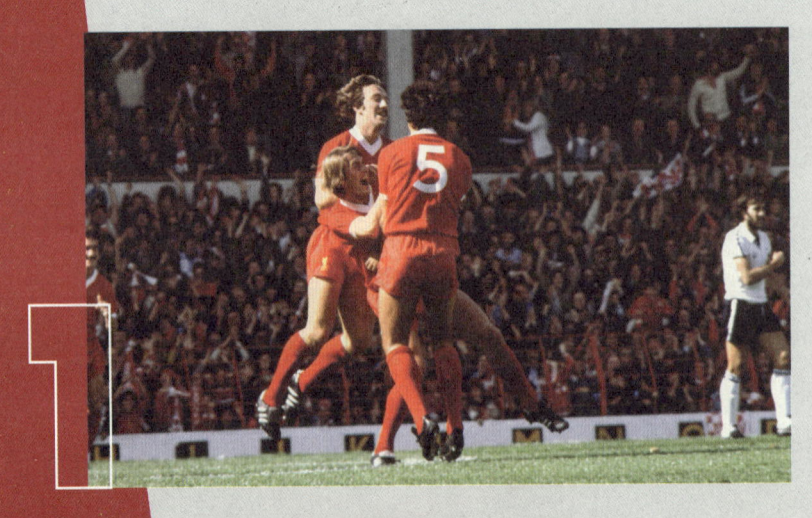

1

1978—1979 赛季第 4 轮：利物浦队 7 比 0 热刺队

虽然对方阵中有奥西·阿尔迪列斯等世界级球星，但是利物浦队还是在安菲尔德球场掀起进球狂潮，肯尼·达格利什和大卫·约翰逊双双梅开二度，雷·肯尼迪、菲尔·尼尔、特里·麦克德莫特各入一球。

2

1982—1983 赛季第 13 轮：埃弗顿队 0 比 5 利物浦队

在默西塞德郡德比中，利物浦队在古迪逊公园球场以5比0横扫同城死敌。伊恩·拉什一人就打入4球，上演"大四喜"，马克·劳伦森锦上添花。这场比赛也是"红军"在20世纪80年代辉煌的一个缩影。

1995—1996 赛季第 33 轮：
利物浦队 4 比 3 纽卡斯尔联队

看过这场比赛的球迷或许都会感叹：为什么足球比赛不能永远像这样跌宕起伏、精彩纷呈呢？利物浦队经历了开场第 2 分钟破门到被扳平比分，再到被反超，然后是扳平，再被反超，再扳平，直到伤停补时第 2 分钟，科利莫尔打入绝杀球，这一球也让对手主帅、利物浦队传奇球星凯文·基冈痛吞败果。

2008—2009 赛季第 29 轮：
曼联队 1 比 4 利物浦队

做客老特拉福德球场，利物浦队取得完胜：C 罗点球为曼联队首开记录，但托雷斯利用内马尼亚·维迪奇的失误扳平比分；杰拉德制造点球并操刀命中，随后亲吻了队徽和摄像机，留下经典瞬间；维迪奇染红离场、法比奥·奥雷利奥任意球破门、安德雷亚·多塞纳扩大比分，"红军"笑傲"双红会"。

5

**2015—2016 赛季第 23 轮：
诺维奇队 4 比 5 利物浦队**

又一场经典的逆转好戏！虽然利物浦队率先取得领先，但对手连进3球将比分反超。亨德森、菲尔米诺和米尔纳的进球帮助"红军"反超比分，4比3再度领先！然而在伤停补时第2分钟，对手打入扳平球。3分钟后，亚当·拉拉纳打入绝杀球，结束了这场进球大战！

6

**2017—2018 赛季第 23 轮：
利物浦队 4 比 3 曼城队**

面对开局前22轮20胜2平的曼城队，利物浦队在安菲尔德球场露出了"终结者"的本色。开场第9分钟，亚历克斯·奥克斯拉德-张伯伦就打入"世界波"。虽然勒鲁瓦·萨内为曼城队扳平比分，但从第59分钟到第67分钟，"红箭三侠"连续进球，打破了对手的"不败金身"。

联赛十大战役

2019—2020 赛季第 31 轮：
利物浦队 4 比 0 水晶宫队

这看似是一场"平平无奇"的比赛，利物浦队赢球在情理之中，但其实这场比赛意义极其重大，因为随着之后切尔西队击败曼城队，"红军"得以提前7轮夺得球队历史上的首个英超冠军，也是30年来的第一个顶级联赛冠军。

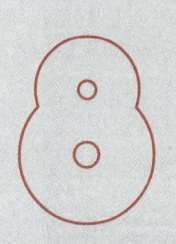

2021—2022 赛季第 9 轮：
曼联队 0 比 5 利物浦队

在死敌曼联队的主场，萨拉赫上演帽子戏法，纳比·凯塔和迪奥戈·若塔也各进一球，曼联队的保罗·博格巴还被红牌罚下，克洛普丝毫不给奥勒·居纳尔·索尔斯克亚留情面，无情碾压了对手。

223

联赛十大战役

2022—2023赛季第4轮：
利物浦队9比0伯恩茅斯队

路易斯·迪亚斯开场第3分钟就首开记录，到第6分钟时，利物浦队已经领先两球，上半场结束时比分便已经来到5比0。到了下半场，路易斯·迪亚斯和菲尔米诺双双梅开二度，利物浦队最终以9比0大胜，追平了英超历史单场最大分差，也追平了球队在顶级联赛的最大比分胜利。

2022—2023赛季第26轮：
利物浦队7比0曼联队

这是一场足以令利物浦队球迷铭记终生的比赛，利物浦队在安菲尔德球场以7球大胜死敌。加克波、努涅斯和萨拉赫分别打入两球，菲尔米诺也有一球入账，创造了"双红会"历史上的最大比分纪录。

欧洲赛事十大战役

1 1976—1977赛季欧冠决赛：
利物浦队 3 比 1 门兴格拉德巴赫队

在罗马，利物浦队创造了历史：麦克德莫特的进球让利物浦队率先取得领先；虽然对手后来扳平比分，但是汤米·史密斯的进球让"红军"再次占据先机；第84分钟，菲尔·尼尔攻入制胜球，让利物浦队拿到了球队历史上的第一座欧冠奖杯。

2 1977—1978赛季欧冠决赛：
利物浦队 1 比 0 布鲁日队

利物浦队连续闯入欧冠决赛。格雷姆·索内斯助攻，达格利什取得全场比赛唯一进球，利物浦队成功卫冕，实现欧冠两连冠。

欧洲赛事十大战役

3 1980—1981 赛季欧冠决赛：
利物浦队 1 比 0 皇马队

二十世纪七八十年代，是属于利物浦队的辉煌时期。"红军"第三次跻身欧冠决赛，这次遇到的是皇马队，结果两位肯尼迪联手建功：雷·肯尼迪掷界外球助攻，阿兰·肯尼迪一击制胜。

4 1983—1984 赛季欧冠决赛：
利物浦队 5 比 3 罗马队

利物浦队再次来到罗马，经过120分钟苦战，"红军"与主场作战的罗马队以1比1握手言和，而在那场著名的点球大战中，格罗贝拉跳起"意大利面舞"，先后扑出了孔蒂和弗朗西斯科·格拉齐亚尼的点球，成为利物浦队夺冠的功臣。

5

2000—2001 赛季欧联决赛：
利物浦队 5 比 4 阿拉维斯队

这场不是欧冠决赛，但同样经典。利物浦队在欧联决赛与黑马阿拉维斯队相遇，两队上演进球大战，比分从2比0变成3比2，从3比2变成4比4，"球圣"约翰·克鲁伊夫的儿子约尔迪·克鲁伊夫在常规时间结束前打入绝平球。直到加时赛第117分钟，利物浦队才凭借对手的乌龙球险胜。

6

2004—2005 赛季欧冠决赛：
AC 米兰队 5 比 6 利物浦队

欧冠历史上最经典的决赛之一，史称"伊斯坦布尔奇迹"。利物浦队在0比3落后的逆境下上演绝地反击，连追三球扳平比分。在点球大战中，杜德克扑出了舍甫琴科主罚的点球，利物浦队最终神奇地击败了AC米兰队，第六次夺得欧冠冠军。

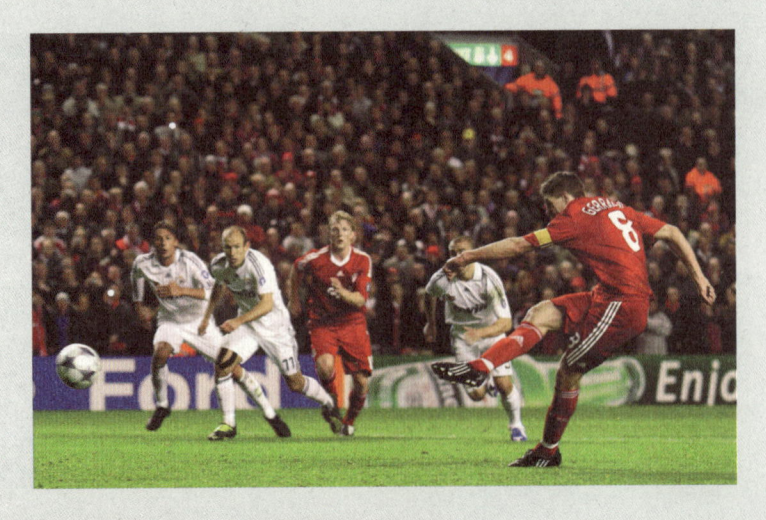

7 2008—2009赛季欧冠1/8决赛次回合：
利物浦队4比0皇马队

　　首回合，贝纳永的进球帮助利物浦队从伯纳乌球场带走1比0的胜利。回到安菲尔德球场，托雷斯在第16分钟先拔头筹，杰拉德随后梅开二度，安德雷亚·多塞纳在第88分钟扩大比分，"红军"彻底摧毁了皇马队的防线，也完成了对对手的"双杀"。

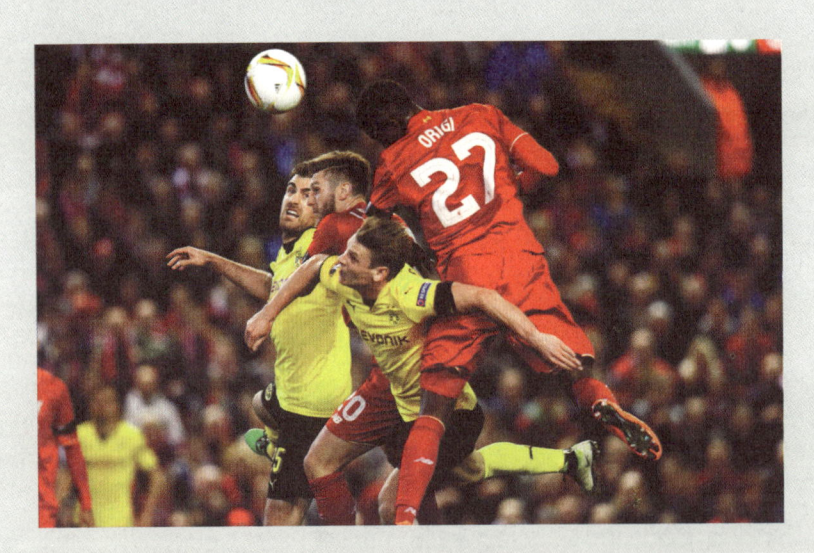

8 2015—2016赛季欧联1/4决赛次回合：
利物浦队4比3多特蒙德队

　　克洛普面对旧主，首回合双方1比1战平，而在安菲尔德球场，利物浦队开场9分钟便0比2落后，虽然奥里吉扳回一球，但马尔科·罗伊斯打入的全队第三球几乎宣告了"红军"的死刑。然而库蒂尼奥、萨科竟然连扳两球，洛夫伦更是在伤停补时第1分钟头球破门，上演绝杀逆转！

欧洲赛事十大战役

9 2018—2019赛季欧冠半决赛次回合：利物浦队4比0巴萨队

首回合，利物浦队在诺坎普球场0比3惨败，濒临绝境。回到安菲尔德球场，"红军"奋起直追，奥里吉和维纳尔杜姆双双梅开二度！尤其是第79分钟，阿诺德发角球偷袭、助攻奥里吉打入全队的第四球，更是经典。最终"红军"4比0大胜，以4比3的总比分奇迹般逆转。

10 2018—2019赛季欧冠决赛：热刺队0比2利物浦队

欧冠决赛变成英超内战。利物浦队开场第2分钟就由萨拉赫闪击得手，取得梦幻般的开局。第87分钟，奥里吉挺身而出，帮球队彻底锁定胜局。这样一来，"红军"第六次捧起欧冠奖杯。

中国情缘

利物浦队曾在1983年、2003年和2007年三度造访中国香港。其实在2003年，"红军"原本计划访问上海，并与当时的上海中远队踢一场友谊赛，但受到非典的影响，只能改为访问香港。

直到2011年，利物浦队创立119年之际，"红军"才第一次来到中国内地，造访广州。为了能够与英超豪门进行比赛，当时的广东日之泉队球员不惜放弃休假，也要参加这场难得的友谊赛。最终，利物浦队以4比3的比分险胜。

2017年，利物浦队再次来到中国香港，参加"英超亚洲杯"，而在球迷见面会上，福勒、巴恩斯、海皮亚等"红军"名宿悉数亮相，还有菲尔米诺、乔·戈麦斯等球员为拥趸签名。

在香港大球场举行的决赛中，利物浦队凭借萨拉赫和库蒂尼奥的进球，以2比1击败莱斯特城队，夺得冠军。